하루 영어 한 문장 100일 쓰기

일러두기

1. 작품명은 〈　〉, 책 이름은 《　》으로 표기했습니다.
2. 외래어 표기법을 따랐으나 작품명, 인명 등의 경우 익숙한 표현을 사용했습니다.
3. 각 문장의 한글 해석은 작품의 말투를 따랐습니다.

하루 영어 한 문장 100일 쓰기: 감성고전 편

초판 1쇄 발행 2025년 2월 21일

지은이 이지은(지니쌤)

펴낸이 조기흠
총괄 이수동 / **책임편집** 이지은 / **기획편집** 박의성, 최진, 유지윤
마케팅 박태규, 임은희, 김예인, 김선영 / **제작** 박성우, 김정우
디자인 말리북

펴낸곳 한빛비즈(주) / **주소** 서울시 서대문구 연희로2길 62 4층
전화 02-325-5506 / **팩스** 02-326-1566
등록 2008년 1월 14일 제 25100-2017-000062호

ISBN 979-11-5784-792-1 03740

이 책에 대한 의견이나 오탈자 및 잘못된 내용은 출판사 홈페이지나 아래 이메일로 알려주십시오.
파본은 구매처에서 교환하실 수 있습니다. 책값은 뒤표지에 표시되어 있습니다.

🏠 hanbitbiz.com ✉ hanbitbiz@hanbit.co.kr 📘 facebook.com/hanbitbiz
Ⓝ post.naver.com/hanbit_biz ▶ youtube.com/한빛비즈 📷 instagram.com/hanbitbiz

지금 하지 않으면 할 수 없는 일이 있습니다.
책으로 펴내고 싶은 아이디어나 원고를 메일(hanbitbiz@hanbit.co.kr)로 보내주세요.
한빛비즈는 여러분의 소중한 경험과 지식을 기다리고 있습니다.

아주 보통의 하루를 위한 필사

하루 영어
한 문장
100일 쓰기

감성고전 편

이지은(지니쌤) 지음

HB 한빛비즈
Hanbit Biz, Inc.

쓰다 보면 마음에 새겨집니다

벚꽃이 피던 날씨에 시작한 원고였는데 폭설이 내린 후에야 머리말을 씁니다. 모순적이게도 독자분들이 가장 먼저 읽으시는 머리말을 저자는 가장 늦게 씁니다. 전체 원고를 다 완성한 후에야 비로소 저도 독자분들께 이 책을 어떻게 읽으시면 좋겠다는 안내를 제대로 드릴 수 있기 때문이지요.

10개의 작품 목록을 뽑고, 또 그 속에서 10개씩의 문장을 고르는 과정이 생각보다 오래 걸렸습니다. 뽑기 어려워서가 아니라 전하고 싶은 이야기가 너무 많아서요. 아직도 제 컴퓨터 폴더 속에는 못다한 이야기들이 많이 남아 있습니다.

영문과 재학 시절 원서로 읽었던 책들을 다시 뒤적여보면서 문득 새로움을 느꼈습니다. 책은 그대로인데 변한 건 제 자신이었습니다. 풋풋한 20대를 지나 직장 생활을 경험하고, 결혼도 하고 아이도 낳으면서 제가 바라보는 관점이 달라진 것에 사뭇 놀랐습니다. 쉬운 작품인데도 고전으로 오랫동안 독자들의 곁에 남은 책들은 이유가 있었습니다. 사건 중심으로 이야기가 흐르고 있는 것처럼 보이지만 사실은 인간의 본질을 들여다 보는 데 많은 부분을 할

애하고 있었기 때문입니다.

이 책을 보고 계신 여러분이 20~30대라면 그 길을 이미 지나온 선배로서 제가 가진 인사이트를 공유하고 저와 같은 40대라면 일과 인간관계 속에서 느끼는 점들을 나누며 서로 공감할 수 있기를 바랐습니다. 오히려 여러분이 저보다 선배시라면 리뷰를 통해 제가 미처 알아채지 못한 또 다른 삶에 대한 조언을 해주시기를 기다립니다.

이 책에서 고른 영어 문장은 크게 중학교 수준을 벗어나지 않습니다. 초등학교와 중고등 영어 교과서를 오랫동안 편집하면서 중학교 수준의 영어만 할 수 있어도 여행에서 혹은 SNS에서 자신이 하고 싶은 이야기 정도는 표현할 수 있겠다는 생각을 자주 했기 때문입니다.

그래서 저희가 시작해보려는 영어는 일상에서 활용할 수 있고, 재미있는 작품에 접근할 정도의 영어이면 좋겠다고 생각했어요. 거기서 조금 발전해서 여러분이 필요할 때 확장해서 말하고 쓸 수 있으면 더욱 좋고요. 그래서 쉬운 문장을 외우고 필사하는 것으로 시작합니다.

필사가 끝나면 구문이 등장하는데요. 한국식 영어 교육이 힘들었던 분들은 문법 용어가 등장하는 것만으로 조금 부담일지도 모르겠어요. 하지만 우리가 영어를 배우는 건 모국어로 배우는 게 아니라 외국어잖아요. 특히 성인의 경우 구조를 알면 문장을 만들 때 필요한 단어를 끼워 활용할 수도 있고 기존의 문장을 해석하는 데에 유용한 틀이 된다는 건 확실해요. 그래서 해당 문장을 해석할 때 꼭 필요한 최소한의 구문으로 설명했습니다.

마지막 단계로는 본인의 상황에 맞게 영작을 해보거나 AI를 활용해 같은 의미의 다른 문장을 만들어보는 과정을 통해 영어 학습에 대한 경험을 늘리는 단계로 구성했습니다. 본인의 동기나 관심사, 실력에 맞게 단계를 골라 진행해보세요. 자세한 활용 방법은 다음 '이 책의 활용법'에서 설명하겠습니다.

1단계

✓ 매일매일 한 구절씩 음미하고 외워보세요. 그날 내가 펼친 하루(Day)가 혹여 내 하루와 같지 않더라도 미래의 어느 날에는 도움이 되는 구절이기를 바랍니다.

오늘의 문장

Today is yesterday's tomorrow.

오늘은 어제의 내일이야.

#하루 #소중함 #위로 #긍정마인드

✓ 제가 이 문장을 뽑은 이유를 간단히 읽어보세요. 여러분이 생각하는 구절의 의미와 제가 생각한 구절의 의미가 같을 수도 혹은 다를 수도 있습니다. 하지만 짧더라도 사색의 시간을 즐겨보세요.

Day1 어제에게는 내일이었을 오늘에게

오늘의 문장

Today is yesterday's tomorrow.
오늘은 어제의 내일이야.
#하루 #소중함 #위로 #긍정마인드

푸가 "오늘 무슨 요일이야?(What day is it?)"라고 묻자, 피글렛은 천진하게 대답합니다. "오늘(Today!)." 그러자 푸는 대답합니다. "오, 내가 제일 좋아하는 날이잖아(My favorite day.)." 〈곰돌이 푸〉라는 작품을 읽어보고 싶으신 분들은 이 책의 묘미가 이런 부분이라는 걸 아셨으면 좋겠어요. 바로 일상의 언어를 통해 우리가 잊고 지내던 중요한 가치를 일깨운다는 점이요. 사람들이 만날 어떤 요일 구분이 있지만, 사실 그것은 모두 '오늘'입니다. 우리는 매일 오늘 하루를 잘 살아내는 데에 집중해야 하고, 그날을 가장 사랑해야 합니다. 그럼에도 현대인들은 자꾸 오늘이 무슨 요일인지에 집중합니다. 바쁜 세상에 요일마다 해야 할 일이 있기 때문이겠죠. 하지만 이 모든 날들이 사실은 우리에게 주어진 눈부신 오늘입니다. 그러니 어떤 요일이든 푸처럼 '가장 좋아하는 날'로 만들 수 있다면 얼마나 좋을까요?

오늘 오후에 하기 싫은 일정이 있을지도 모르고, 저녁에 집에 돌아가면 밀린 집안일이 산더미 같을지도 모릅니다. 또 다른 누군가는 오늘이 중요한 시험일 수도 있고, 다른 누군가에게는 새 생명을 만나는 날일 수도 있겠죠. 첫 출근날이거나 새 가정을 꾸리는 날일수도 있고요. 어떤 '오늘'은 슬프기도, 기쁘기도 하지만 분명 모든 '오늘'이 모여 나의 삶이 됩니다. 우리가 보내고 있는 하루하루를 여러분은 어떻게 여기고 있나요? 어제에게는 내일이었을 오늘과 잘 지내보자고요.

✓ 오늘의 문장을 따라 써봅니다. 한 번은 인쇄된 서체를 따라 또 한 번은 자신만의 서체로 써보세요. 따라 쓸 때는 소리 내어 그 문장을 읽으면서 마치 말하듯이 연습하시면 영어 실력 향상에 도움이 됩니다.

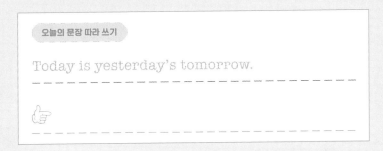

오늘의 문장 따라 쓰기

Today is yesterday's tomorrow.

2단계

✓ 구문의 구조가 쉬울 때도 어려울 때도 있습니다. 학창시절 열심히 공부했던 문법 구문의 도움을 살짝 받아봅시다.

오늘의 구문

Today is yesterday's tomorrow.

주어와 be동사가 함께 오는 2형식 구문이에요. 주어+동사+보어의 형태예요!
2형식에 쓰인 be동사는 상태를 설명하거나 주어와 보어가 동격임을 나타냅니다. 위 문장에서는 동격의
의미로 쓰여 '오늘=어제의 내일'이 됩니다.

3단계

✓ 구문을 활용해 나만의 문장을 만들어보세요.

● 내 상황에 맞는 문장으로 바꾸기(be동사 2형식 활용)
예) Success is failure's lesson.(성공은 실패의 교훈이다.)

✓ AI 시대에 발맞춰 고전에 나온 문장들을 다른 표현으로 바꿔본 문장도 2~3개 제시했습니다. 영어 학습을 위해서는 다른 말로 바꾸어 표현해보는 것(paraphrasing)도 중요합니다. 여러분도 ChatGPT를 활용해 원하는 표현을 원하는 수준으로 바꿔볼 수 있습니다. 특히 만든 문장을 직접 말하고 들어볼 수 있는 Talk-to-ChatGPT 크롬 확장 프로그램도 꼭 사용해보세요.

● AI가 알려주는 '오늘의 문장'과 같은 뜻, 다른 문장으로 바꾸기
▷ Yesterday's future is today.
▷ Today is the tomorrow we talked about yesterday.
▷ The day after yesterday is today.

Talk-to-ChatGpt화면

✓ 혹시 어려운 단어나 꼭 기억하고 싶은 단어가 있다면 책 한 켠에 메모해두세요.

● 오늘의 단어 * 오늘 배운 문장에서 어려운 단어가 있다면 정리해보세요.

이런 매일이 쌓여 여러분에게 의미 있는 100개의 영어 문장이 남기를 기원합니다. 필사를 하는 것은 단순히 글을 읽고 지나치는 것과는 다른 차원의 작업입니다. 내 마음에 새겨지는 100문장을 만들고 나면 나만의 100문장도 충분히 만들어보실 수 있을 거라고 확신합니다. 영어 공부를 시작할 때는 이미 잘하는 다른 사람보다 '오늘의 나'에 집중하세요. 그러면 조금씩 발전하는 '어제의 나'도 '내일의 나'도 모두 눈부시게 보일 거예요.

2025년의 시작에
이지은(지니쌤) 드림

차례

프롤로그 쓰다 보면 마음에 새겨집니다·004

Chapter 01 **곰돌이 푸**Winnie the Pooh

Day1 어제에게는 내일이었을 오늘에게·014 | Day2 안 하는 게 아니라 여유 있게 하려는 거야·016 | Day3 내 인생의 명장면·018 | Day4 꽃이 된 잡초 이야기·020 | Day5 안 보여서 불안한 거였어·022 | Day6 눈에 보이지 않는 가치·024 | Day7 긍정 연료 창고를 채우는 말·026 | Day8 관심=궁금증=사랑·028 | Day9 특별한 한 조각을 찾아야 해·030 | Day10 내 인생의 꿀단지·032

Chapter 02 **피터 래빗**Peter Rabbit

Day11 평범한 인물들의 특별한 이야기·036 | Day12 친절은 전염성이 있다·038 | Day13 나의 위치가 나의 길을 알려줄 때가 있다·040 | Day14 뜻밖의 초대·042 | Day15 초라해도 괜찮아·044 | Day16 벌써 다 익었다면 냉장고에 저장하자·046 | Day17 오늘도 히어로를 꿈꾼다·048 | Day18 그 옷이 조금 작게 나왔어요·050 | Day19 반대로 걷는 사람·052 | Day20 결코 작지 않아·054

Chapter 03 **오즈의 마법사**The Wonderful Wizard of Oz

Day21 안락함을 주는 곳·058 | Day22 무용과 무모·060 | Day23 유토피아를 꿈꾸며·062 | Day24 꿈은 이루어진다·064 | Day25 한쪽 문이 닫히면 반대편 문이 열린다·066 | Day26 심장 vs. 뇌·068 | Day27 어쩌면 더 나은 걸 만나기 위함일 수 있어·070 | Day28 용기 있는 세대·072 | Day29 긁지 않은 복권·074 | Day30 있을 때 잘해·076

Chapter 04 **어린 왕자**The Little Prince

Day31 눈으로 놓치는 것들·080 | Day32 지나간 뒤에 깨닫는 것·082 | Day33 '아' 다르고 '어' 다른 말·084 | Day34 풍요 속 빈곤·086 | Day35 길들여진 관계·088 | Day36 누구 말을 믿어야 할까?·090 | Day37 너 T야?·092 | Day38 주변의 온통 향기로운 것들·094 | Day39 거울이 필요해·096 | Day40 견뎌야 하는 것들의 무게·098

Chapter 05 **빨강머리 앤**Anne of Green Gables

Day41 365일 총천연색·102 | Day42 매일 새로운 날·104 | Day43 당신에게 중요한 가치는?·106 | Day44 또 다른 나·108 | Day45 이심전심·110 | Day46 당신이 세상에 가지고 올 것·112 | Day47 쾌활함을 꺼내 써요·114 | Day48 총량의 법칙·116 | Day49 상상의 힘·118 | Day50 1일 1모험·120

Chapter 06 피터 팬Peter Pan

Day51 비틀즈는 알았고 나는 몰랐던 사실·124 | Day52 살아 있다는 마법·126 | Day53 햄릿도 아닌데 선택의 연속·128 | Day54 날고 싶은 어른들·130 | Day55 일상이 모험이 될 때·132 | Day56 피터 팬이 행복한 이유·134 | Day57 우리는 모두 미생·136 | Day58 말의 농도·138 | Day59 오늘도, 나는 괜찮은가?·140 | Day60 기억의 끈·142

Chapter 07 키다리 아저씨Daddy Long Legs

Day61 그런 날이 있다·146 | Day62 나를 사랑하는 법·148 | Day63 경청의 힘·150 | Day64 앎의 즐거움·152 | Day65 운명에 맞설 용기·154 | Day66 협업과 소통의 세상·156 | Day67 사소한 변화·158 | Day68 콩깍지 유효기간·160 | Day69 진짜 선물·162 | Day70 인생도 체계적으로·164

Chapter 08 작은 아씨들Little Women

Day71 K장녀·168 | Day72 시간은 기다려주지 않는다·170 | Day73 실행의 짜릿함·172 | Day74 가치의 밸런스·174 | Day75 선한 영향력·176 | Day76 이 또한 지나가리라·178 | Day77 오래된 습관·180 | Day78 질문과 대답 사이·182 | Day79 최선이 늘 최고는 아니다·184 | Day80 시간의 가치·186

Chapter 09 이상한 나라의 앨리스Alice in Wonderland

Day81 어제와 오늘의 차이만큼 성장한다·190 | Day82 '나'라는 퍼즐·192 | Day83 속력이 아니라 방향이 중요하다·194 | Day84 쓰는 대로 이루어진다·196 | Day85 시작한 것을 끝내는 힘·198 | Day86 막상 해보면 별것 아닐지도 몰라·200 | Day87 헤매도 괜찮아·202 | Day88 결핍이 만드는 무기·204 | Day89 당연한 것은 없다·206 | Day90 내 것을 잘하는 데에서 시작한다·208

Chapter 10 갈매기의 꿈Jonathan Livingston Seagull

Day91 삶은 하루아침에 변하지 않는다·212 | Day92 모든 것이 끝나고 나면 태도만 남는다·214 | Day93 생각에 행동을 더하라·216 | Day94 먼저 자신에게 솔직할 것·218 | Day95 무엇보다 열정이 가장 매력적이다·220 | Day96 한계는 경계일 뿐이다·222 | Day97 효용이란 나중에 알게 되는 것·224 | Day98 누군가의 선함을 발견하는 기쁨·226 | Day99 진실은 원리에 가깝다·228 | Day100 예언자가 행복을 만드는 것이 아니다·230

〈California Spring Landscape〉 by 엘머 와첼

Chapter 01

곰돌이 푸

Winnie the Pooh

- A. A. 밀른

어제에게는 내일이었을 오늘에게

Day1

오늘의 문장

Today is yesterday's tomorrow.

오늘은 어제의 내일이야.

#하루 #소중함 #위로 #긍정마인드

푸가 "오늘 무슨 요일이야?(What day is it?)"라고 묻자, 피글렛은 천진하게 대답합니다. "오늘(Today!)." 그러자 푸는 대답합니다. "오, 내가 제일 좋아하는 날이잖아(My favorite day.)." 〈곰돌이 푸〉라는 작품을 읽어보고 싶으신 분들은 이 책의 묘미가 이런 부분이라는 걸 아셨으면 좋겠어요. 바로 일상의 언어를 통해 우리가 잊고 지내던 중요한 가치를 일깨운다는 점이요. 사람들이 만들어낸 요일 구분이 있지만, 사실 그것은 모두 '오늘'입니다. 우리는 매일 오늘 하루를 잘 살아내는 데에 집중해야 하고, 그날을 가장 사랑해야 합니다. 그럼에도 현대인들은 자꾸 오늘이 무슨 요일인지에 집중합니다. 바쁜 세상에 요일마다 해야 할 일이 있기 때문이겠죠. 하지만 이 모든 날들이 사실은 우리에게 주어진 눈부신 오늘입니다. 그러니 어떤 요일이든 푸처럼 '가장 좋아하는 날'로 만들 수 있다면 얼마나 좋을까요?

오늘 오후에 하기 싫은 일정이 있을지도 모르고, 저녁에 집에 돌아가면 밀린 집안일이 산더미 같을지도 모릅니다. 또 다른 누군가는 오늘이 중요한 시험일 수도 있고, 다른 누군가에게는 새 생명을 만나는 날일 수도 있겠죠. 첫 출근날이거나 새 가정을 꾸리는 날일수도 있고요. 어떤 '오늘'은 슬프기도, 기쁘기도 하지만 분명 모든 '오늘'이 모여 나의 삶이 됩니다. 우리가 보내고 있는 하루하루를 여러분은 어떻게 여기고 있나요? 어제에게는 내일이었을 오늘과 잘 지내보자고요.

Today is yesterday's tomorrow.

- -

- -

오늘의 구문

Today is yesterday's tomorrow.

주어와 be동사가 함께 오는 2형식 구문이에요. 주어+동사+보어의 형태예요!
2형식에 쓰인 be동사는 상태를 설명하거나 주어와 보어가 동격임을 나타냅니다. 위 문장에서는 동격의
의미로 쓰여 '오늘=어제의 내일'이 됩니다.

● 내 상황에 맞는 문장으로 바꾸기(be동사 2형식 활용)
예) Success is failure's lesson.(성공은 실패의 교훈이다.)

- -

● AI가 알려주는 '오늘의 문장'과 같은 뜻, 다른 문장으로 바꾸기
▷ Yesterday's future is today.
▷ Today is the tomorrow we talked about yesterday.
▷ The day after yesterday is today.

● 오늘의 단어 * 오늘 배운 문장에서 어려운 단어가 있다면 정리해보세요.

안 하는 게 아니라
여유 있게 하려는 거야

오늘의 문장

What I like doing best is Nothing.

내가 제일 좋아하는 것은 아무것도 안 하는 거야.

#갓생 #성실 #노력

앨범 표지에 노오란 계란프라이가 그려진 〈후라이의 꿈〉이라는 악동뮤지션의 노래가 있어요. 청아한 음색으로 담담하게 풀어내는 가사가 일품이에요. 모두 높은 곳을 우러러볼 때 계란프라이는 자신의 물결을 따라 자신의 길을 가겠다고 해요. 자꾸 재촉하면 따뜻한 밥 위에 누워 잠자는 계란프라이처럼 아무것도 하지 않고 눌러붙겠다고 귀여운 협박도 합니다.

'갓생'을 살아야지, 진로는 일찍 일찍 정해야지, 넌 꿈도 없니? 하는 말을 듣고 자라는 젊은 세대들에게 큰 위로가 되는 노래인 것 같아요. 요즘 '갓생' 살기만 정답이라고 이야기하는 콘텐츠를 보면 가슴 한편이 답답해지는 분들도 많으실 거예요. 난 저렇게는 못할 것 같은데? 난 아침잠이 많아 못 일어나겠는데? 그럼 나는 문제가 많은 사람인가? 하는 죄책감이 몰려와요. 사실 부지런함, 근면함, 성실함은 중요한 가치라서 반박하기 어렵잖아요. 그럴 때 하루 종일 굴러다닐 것 같은 귀여운 '푸~~'를 불러 봐요. 푸가 제일 좋아하는 건 아무것도 안 하는 거래요. 어때요? 마음에 쏙 들지 않나요? 우리는 한 번뿐인 우리의 삶을 좀 더 촘촘하게 살면서 무언가를 성취하는 데에 집중할 수도 있지만 때로는 조금 여유롭게, 누구의 눈치도 보지 않고 나만의 삶을 꾸려나가는 자세로 삶을 대하는 것도 필요하답니다.

What I like doing best is Nothing.

What I like doing best is Nothing.

관계대명사 what을 주어로 하는 문장이에요. '~하는 것은'이라고 해석해주면 돼요.
관계대명사 what 뒤에는 주어와 동사가 올 수 있어요. what I like ~(좋아하는 것), what I hate ~(싫어하는 것), what I eat ~(먹는 것) 등의 문장으로 활용할 수 있어요.
* nothing 아무것도 아니다, 아무것도 없다

● 내 상황에 맞는 문장으로 바꾸기(관계대명사 what 활용)
예) What I enjoy the most is reading books. (내가 제일 즐기는 것은 책 읽기야.)

● AI가 알려주는 '오늘의 문장'과 같은 뜻, 다른 문장으로 바꾸기
▷ The best thing to do is nothing.
▷ My favorite thing to do is nothing at all.
▷ I enjoy doing absolutely nothing the most.

● 오늘의 단어 * 오늘 배운 문장에서 어려운 단어가 있다면 정리해보세요.

Day3   내 인생의 명장면

> **오늘의 문장**
>
> ## I do remember, and then I try to remember, I forget.
>
> 기억나. 그런데 또 기억하려고 하면 잊어버려.
>
> #기억 #망각 #현재에 집중

때로는 기억이 순식간에 사라지고 믿을 수 없을 정도로 변덕스러울 수 있다는 것을 잘 나타내고 있는 이 표현은 꽤 철학적이에요. 푸는 늘 별 생각 없이 빈둥거리는 먹보로 표현되지만, 그의 친구들과 나누는 대화는 종종 철학적이라 뒤돌아서 몇 번이나 곱씹어야 그 뜻을 제대로 알 수가 있어요. 이 표현도 마찬가지였어요. 믿을 수 없을 정도로 빠르게 기억에서 사라지는 게 바로 기억이라는 아이러니. 그럼에도 우리는 끊임없이 우리와 타인의 존재를 기억하려고 해요. 하지만 그렇게 애를 쓰는 것도 잠시뿐이에요. 우리는 그 애쓴 시간조차도 금방 잊으니까요. 결국 우리는 현재를 잘 살아내는 것, 오늘에 집중하는 것이 얼마나 의미 있는지 깨닫게 돼요. 특별할 것 없다고 생각하는 일상이지만 그중에 한 장면 정도는 또렷하게 뇌리에 박힙니다. 대학수학능력시험을 치르고 나온 그날의 공기, 새내기 때 오리엔테이션의 기억, 입사 첫날의 긴장감, 첫 데이트의 설렘 등. 선명하진 않아서, 더 많이 떠올리려고 하면 잊어버리지만, 그날의 명장면 한 씬 정도는 기억나잖아요. 평범했지만 기억하고픈 어느 날의 아찔했던 향기는 아직도 내 코끝에서 나는 것 같아요. 그게 바로 일상의 '인상'인 거죠. 푸가 이야기하려고 했던 건 아주 사소한 기억이었지만, 우리도 다르지 않다는 이야기를 하고 싶어요. 우리의 소중한 하루하루가 모여 일 년을, 일생을 만드니까요. 몇 년 후에 떠올려볼 추억을 차곡차곡 저장하는 하루 보내세요!

I do remember, and then I try to remember, I forget.

오늘의 구문

I do remember, and then I try to remember, I forget.

이 문장에서 do는 '하다'의 뜻이 아니라 강조의 do예요.

'I do remember'에서 do는 '하다'라는 뜻의 일반동사로 쓰인 게 아니라 remember(기억하다)를 강조하는 역할로 쓰였어요. pretty를 강조하기 위해 앞에 부사 very(매우)를 쓰는 것처럼 대체로 긍정문 동사를 강조할 때 do를 동사 앞에 써요. 즉, 이 문장에서는 remember라는 동사에 집중해서 해석해야 합니다.

● 내 상황에 맞는 문장으로 바꾸기(강조의 do 활용)

예) I do work, and then I try to work, I get tired. (나는 일을 해. 그런데 일을 하려고 하면 피곤해.)

● AI가 알려주는 '오늘의 문장'과 같은 뜻, 다른 문장으로 바꾸기

▷ I recall something, but when I try to focus on it, I forget.
▷ I remember, but when I try to remember more, I forget.
▷ I have the memory, but when I try to keep it, I forget.

● 오늘의 단어 * 오늘 배운 문장에서 어려운 단어가 있다면 정리해보세요.

Day4 ## 꽃이 된 잡초 이야기

Weeds are flowers too, once you get to know them.

네가 만약 알아차린다면, 잡초도 꽃이 될 수 있어.

#존재 #알아차림 #가치

〈곰돌이 푸〉에서 이 문장을 만났을 때 제 상사들을 떠올렸습니다. 어떤 분은 정말 자상하셨지만 부서장으로서 자리매김을 잘 하지 못하셨고, 또 어떤 분은 압도당할 만큼의 카리스마를 가진 강한 분이셨지만 직원들의 평판이 좋지 못한 경우도 있었어요. 그러던 중 제가 육아 휴직을 잠시 했고, 돌아갈 부서를 조율하던 중에 한 번도 같이 일해 보지 않은 상사와 함께 일을 할 기회가 생겼습니다. 그분 역시 저를 잘 모르셨지요. 그렇게 1년의 호흡을 맞추고 그분께서 제게 "지은 대리는 낭중지추 같은 사람인데. 왜 아직까지 사람들이 못 알아봤을까?"라고 하셨습니다. 전 아직도 그 말을 들었을 때의 장소와 부장님의 옷차림이 생각날 정도로 기억이 강렬합니다. 우리는 모두 누군가 나를 알아봐주고, 꽃이 되는 순간을 맞이하곤 하는데요. 제게는 아마도 그때가 그 순간이었던 것 같아요. 그 뒤로 저는 많은 실적을 내면서 회사에서 인정받게 되었습니다. 지금 프리랜서로 일할 수 있는 용기도 그때 얻은 것 같아요. 나를 알아주는 딱 한 명만 있으면 충분하거든요. 이제는 저도 누군가를 꽃으로 만들어줄 선배가 되고 싶습니다. 사실 우리는 모두 꽃이잖아요. 여러분도 자신을 알아봐줄 누군가를 꼭 만나기를 바랍니다.

Weeds are flowers too, once you get to know them.

- -

- -

오늘의 구문

Weeds are flowers too, <u>once</u> you get to know them.

접속사 once는 시간적 조건을 나타낼 때 써요.

접속사 once는 '일단 ~하면', '~할 때'라는 뜻으로 한 사건이 일어나고 그 다음에 다른 사건이 일어날 때 써요. Once the rain stops, we will go for a walk. (비가 그치면, 우리는 산책하러 갈 거야.)처럼 말이에요.

* weed 잡초

● 내 상황에 맞는 문장으로 바꾸기(접속사 once 활용)

예) Challenges are opportunities too, <u>once</u> you face them. (네가 만약 직면
한다면, 도전은 기회가 되기도 해.)

- -

● AI가 알려주는 '오늘의 문장'과 같은 뜻, 다른 문장으로 바꾸기

▷ Look closely, and you'll see that weeds are flowers too.
▷ When you get to know them, weeds are flowers too.
▷ Weeds are just flowers waiting to be appreciated.

● 오늘의 단어 * 오늘 배운 문장에서 어려운 단어가 있다면 정리해보세요.

Day5 안 보여서 불안한 거였어

Rivers know this: there is no hurry. We shall get there someday.

강물은 이미 알고 있어. 서두를 필요가 없다는 걸. 우리는 언젠가는 도착할 거니까.

#여유 #불안 #인내

불안이 언제 엄습하는가를 잘 살펴보면 몇 가지 공통점을 찾을 수 있어요.

첫째, 눈에 보이지 않을 때.

둘째, 너무 오래 걸릴 때.

셋째, 손에 잡히지 않을 때.

강물의 끝자락이란 게 내가 서 있는 이곳에서는 당장 보이지 않았어요. 사람들이 강물은 바다에 모인다고 하는 게 카더라 같고, 너무 오래 걸리는 여정이라 진짜인지 아닌지도 모르겠더라고요. 손에 잡히는 물건이라면 당장이라도 번쩍 들어서 옮기겠는데, 물은 손에 잡히지도 않으니까요. 아이를 키우는 부모나 선생님이라면 너무나 공감할 것 같아요. 이건 우리 아이들도 마찬가지거든요. 어떤 아이로 클지 아직은 보이지 않고, 작고 여린 아이에서 한 명의 건장한 성인으로 크기까지 너무나 오랜 시간을 기다려야 해요. 게다가 아이의 마음은 어른들이 절대로 붙잡을 수도, 마음대로 소유할 수도 없어요. 우리가 어렸을 때 어른들께 그런 존재였듯이 말이에요.

평소에 우리도 손에 잡히지 않는 것들이 불안한 거예요. 언제 될지 모르는 취업, 할지 안 할지 모르지만 한다면 누구와 할지 알 수 없는 결혼, 언제 붙을지 모르는 시험 등. 하지만, 동시에 우리는 알잖아요. 그 불안함은 실체가 없다는 걸. 강물은 이미 알고 있어요. 언젠가는 넓디넓은 바다에 도착하게 될 테니 미리 서두를 필요가 없다는 것을요.

Rivers know this: there is no hurry. We shall
get there someday.

Rivers know this: there is no hurry. We shall get there
someday.

콜론(:)은 덧붙이는 말을 쓸 때 필요해요.
부연 설명을 할 때 콜론(:)을 사용해요. 세미콜론(;)은 추가 설명이 아닌 대등한 독립 문장을 연결할 때 사용
해요. 두 부호의 차이점을 알아두면 도움이 됩니다.

● 내 상황에 맞는 문장으로 바꾸기(콜론 활용)
예) Birds know this: the sky has no limits.(새들은 이미 알고 있어. 하늘은 한
계가 없다는 걸.)

● AI가 알려주는 '오늘의 문장'과 같은 뜻, 다른 문장으로 바꾸기
▷ Rivers don't hurry; neither should we.
▷ Slow and steady, we'll find our way someday.
▷ Like rivers, we'll reach our goal in our own time.

● 오늘의 단어 * 오늘 배운 문장에서 어려운 단어가 있다면 정리해보세요.

Day6 눈에 보이지 않는 가치

오늘의 문장

"How do you spell love?"
"You don't spell it, you feel it."

"러브(love) 철자가 어떻게 돼?" – "그건 철자로 쓸 수 없어, 그냥 느끼는 거야."

#사랑 #생각 말고 감정

영어 문법 품사 편에서는 명사 파트에서 '셀 수 있는 명사'와 '셀 수 없는 명사' 구분에 대해 반드시 배워요. 우리말에는 없는 규칙이지만 영어에서는 명확하게 구분해서 사용해요. 셀 수 있는 명사는 그 개체가 눈에 보이고, 모양이 일정하며, 단단하고, 1개, 2개처럼 셀 수 있다는 것에 이견이 없어요. 그런데 셀 수 없는 명사는 상황이 달라요. 액체, 말랑말랑해서 형태가 변하는 사물은 셀 수 없다고 판단해요. 그리고 눈에 보이지 않는 추상적인 것들도 셀 수 없어요. 사랑, 희망, 절망, 아름다움, 용기 같은 거예요. 가끔 보면 푸는 천재 같아요. 추상명사인 love의 철자 따위는 중요하지 않다는 걸 이미 알아버렸으니까요. 누군가를 사랑하는 마음, 애처로워하는 감정, 무언가에 화가 나는 불편한 느낌, 몽글몽글 생겨나는 연애 감정. 이 모든 것은 철자 몇 개로 나타내기 어려워요. 예전에 한 식품회사 광고가 있었죠. "참 좋은데 어떻게 표현할 방법이 없네." 바로 그 느낌이에요. 특히, 사랑 같은 감정은 이성보다는 감성이 더 지배하는 영역이에요. 그러니 당연히 세거나 측정할 수 없는 명사예요. 우리는 가끔 사랑 때문에 무모한 선택을 하기도 해요. 이성을 잃는 행위지만, 그래도 그만한 가치가 있는 일 같아요. 그러니 사랑이라고 느껴지면, 이것 저것 재거나 따지지 말고, 그저 온 마음을 다하세요.

"How do you spell love?"

_ _

"You don't spell it, you feel it."

_ _

_ _

오늘의 구문

"How do you spell love?" - "You don't spell it, you feel it."

의문사 how를 활용한 의문문의 질문과 대답은 이렇게 해요.
'How do you spell?'은 관용적인 표현이에요. 영어는 한국어처럼 한 번 발음을 익혔다고 해도 모든 단어
에 통용되지 않아요. 게다가 외래어에서 온 어휘들도 많아서 이름을 물어보거나, 상호를 말하면 꼭 철자를
물어보곤 한답니다. 영어권 문화에서는 자연스러운 질문이에요.

● 내 상황에 맞는 문장으로 바꾸기(의문사 How 활용)
예) How do you spell kindness?('kindness'의 철자가 어떻게 돼?)

_ _

● AI가 알려주는 '오늘의 문장'과 같은 뜻, 다른 문장으로 바꾸기
▷ You don't describe love, you love it.
▷ Love isn't spelled out; it's felt in the heart.
▷ You don't write love, you show it.

● 오늘의 단어 * 오늘 배운 문장에서 어려운 단어가 있다면 정리해보세요.

긍정 연료 창고를 채우는 말

오늘의 문장

You're braver than you believe, and stronger than you seem, and smarter than you think.

너는 네가 믿는 것보다 더 용감하고, 보이는 것보다 더 강하며, 생각하는 것보다 더 똑똑해.

#위로 #격려 #자존감

우리가 살아가면서 더 많이 들어야 할 것은 질책이나 평가보다 칭찬과 격려 입니다. 누구나 아는 식상한 이 말이 현실 세계에서는 잘 이루어지지 않는 것 같아요. 우리는 실제로 우리가 생각하는 것보다 훨씬 훌륭한 사람들입니다. 그럼에도 다양한 이유로 우리는 스스로, 또 타인에 의해 자존감에 상처를 입 습니다. 그럴 때 이 문장을 떠올려 보세요. 우리는 사실 스스로를 과소평가할 때가 많습니다. 삶의 수많은 여정 속에서 우리는 예기치 못한 일을 자주 만나 게 됩니다. 그 해 수능이 말도 안되게 어렵게 출제되었다거나, 갑자기 우리 부 서에 어이 없을 정도의 업무 폭탄이 떨어졌다거나, 가족의 사업이 어렵게 되 었다거나, 누군가 아프다거나. 그때마다 포기하기 보다 극복하려고 애쓰는 자신을 발견하실 거예요. 그 자체로 우리는 이미 강합니다. 용기(brave), 강함 (strong), 똑똑함(smart)을 넘치게 장착한 우리는 칭찬과 격려를 연료로 하늘 높이 날아오를 수 있어요. 우리가 스스로를 과소평가하는 이유 중에 하나가 바로 연료가 바닥났을 때라는 생각이 들어요. 부정적 에너지를 뿜는 사람들 보다 긍정적 에너지를 쏟아 부어주는 사람들을 곁에 많이 두세요. 연료 창고 를 넉넉히 채우면 내 안에 있는 용기와 강인함, 지혜를 더 많이 꺼내 쓰고 주 변 사람들과 나눌 수 있을 거예요.

You're braver than you believe, and stronger
- -
than you seem, and smarter than you think.
- -

- -

- -

오늘의 구문

You're <u>braver than</u> you believe, and <u>stronger than</u> you
seem, and <u>smarter than</u> you think.

비교급을 활용해 표현을 더 풍성하게 만들 수 있어요.

비교급이 세 번 쓰여서 복잡해 보이지만, 'A는 B보다 더 ~하다'라는 단순한 구조입니다. A와 B가 모두 사물이나 사람 혹은 내가 믿었던 신념, 나의 행동, 내가 생각했던 일 등이 될 수 있어요. 비교급은 원급에 -er 또는 more을 붙여서 나타내요.

● 내 상황에 맞는 문장으로 바꾸기(비교급 활용)

예) You're <u>more patient than</u> you think.(너는 네가 생각하는 것보다 더 인내심이 많아.)

- -

● AI가 알려주는 '오늘의 문장'과 같은 뜻, 다른 문장으로 바꾸기

▷ You're braver than you understand, stronger than you seem, and wiser than you think.

▷ You're stronger than you think, and smarter than you know, and braver than you believe.

● 오늘의 단어 * 오늘 배운 문장에서 어려운 단어가 있다면 정리해보세요.

Day8 관심=궁금증=사랑

오늘의 문장

Some people care too much. I think it's called Love.

어떤 사람들은 과하게 관심을 가져. 내가 생각하기에 그건 사랑이야.

#사랑 #마음쓰임 #애정 #관심세포

〈유미의 세포〉라는 드라마는 평범한 여자 주인공의 뻔한 연애 이야기예요. 그런데 모두가 공감한 이유는 새로운 관점으로 사람의 마음을 보여주었다는 것에 있어요. 〈곰돌이 푸〉도 사람들에게 하고 싶은 이야기를 곰돌이를 통해 우스꽝스럽고 투박하게 전합니다. 사람들은 모두 자기 자신을 누구보다 잘 안다고 생각하지만 자신을 객관적으로 바라보는 건 어려워요. 그런 우리에게 〈유미의 세포〉라는 드라마는 내 마음속뿐 아니라 상대방의 마음속까지 훤히 보여주고 있어요. 어쩌면 우리가 타인에게 그렇게 관심을 쏟는 이유는 그들의 마음을 모르기 때문일 거예요. 만약 우리가 상대의 마음을 훔쳐볼 수 있다면 타인에게 덜 집착할지도 몰라요. 하지만 현실은 상대의 마음을 모르니 하루 종일 마음을 졸이고, 신경 쓰고, 혼자 소설을 쓰죠. 하지만 그런 과한 관심을, 푸는 자신이 매일 들고 다니는 꿀단지처럼 달달하게 표현하고 있어요. 바로 사랑, 애정이라고. 타인의 관심을 귀찮아하지 않아요. 여러분도 상대방이 유독 긍정적인 관심을 보인다면, 사랑의 또 다른 표현이라 여기고 여러분을 조금 더 보여주세요. 그럼 상대도 안심할 거예요. 당연하겠지만 여러분도 자신을 솔직하게 보여주는 사람을 만나야 해요. 그래야 불안해하지 않고 상대를 사랑할 수 있을 테니까요.

Some people care too much. I think it's called

Love.

오늘의 구문

Some people <u>care</u> too much. I think it's called Love.

동사 뒤에 목적어가 없는 1형식 구문이에요. 주어+동사로 끝!
동사 care는 1형식 동사 혹은 자동사라고 불러요. 뒤에 보어나, 목적어 없이 그 자체로 완전한 문장이 되는 동사예요. rise, sing, run, walk, wind, laugh, smile, sleep 같은 동사가 1형식 동사예요.

● 내 상황에 맞는 문장으로 바꾸기(1형식 동사 활용)
예) Some people <u>walk</u> too slowly. (어떤 사람들은 너무 천천히 걸어.)

● AI가 알려주는 '오늘의 문장'과 같은 뜻, 다른 문장으로 바꾸기
▷ Some people care deeply; I believe that's what love is.
▷ Caring a lot is simply love in disguise.
▷ When you care too much, it's a sign of love.

● 오늘의 단어 * 오늘 배운 문장에서 어려운 단어가 있다면 정리해보세요.

특별한 한 조각을 찾아야 해

오늘의 문장

The things that make me different are the things that make me "Me".

나를 다르게 만드는 것들이 나를 나답게 만드는 거야.

#성장 #개성

저는 스무 살이 되면 저절로 어른이 되는 줄만 알았는데 그건 하루아침에 되는 일이 아니더라고요. 연애를 하면서 가슴도 아파보고, 사회생활을 하면서 상상도 못할 만큼 다양한 사람들을 겪어보면서 나이테가 쌓여야 했어요. 그렇게 남들처럼 살다 보니 저는 자신을 채워가는 시간보다 세상에 저를 맞추는 일에 능해졌어요. 남들의 기준에 나를 맞추고, 남들이 옳다고 하는 일에 맞장구를 쳐주고, 남들의 시선에 보기 좋은 저를 만드는 내공이 쌓였어요. 그게 제가 가진 강력한 무기라고도 생각했어요. 그런데 그건 결코 무기가 아니더라고요. 남들과 똑같은 건 최소한의 방패 정도예요. 나에게 무기가 될 수 있는 건 남과 다른 그 무엇이었어요. 그걸 깨닫는데 제 20~30대를 다 썼다고 해도 과언이 아니에요.

다들 남들처럼 하면 된다고 이야기했어요. 남과 다르려면 남들보다 뛰어나야 한다고 배웠어요. 그저 다르기만 해도 되는데 말이에요. 꼭 잘하지 않아도 되고, 꼭 특별하지 않아도 되더라고요. 그저 구분이 될 정도면 족했어요. 그렇게 남과 다른 조각 하나하나가 모여 전혀 다른 나를 만들어요. 그러니 지금 조금 남들과 다르다고, 남들처럼 못한다고 아등바등하지 않아도 돼요. 그게 바로 고유한 여러분을 만들어가는 과정이니까요.

The things that make me different are the
- -
things that make me "Me".
- -

☞
- -

- -

오늘의 구문

The things that <u>make me different</u> are the things that <u>make me "Me"</u>.

5형식 동사 make 뒤에 목적보어로 형용사와 명사 모두 쓰일 수 있어요.
make 동사가 5형식으로 쓰이면 '목적어를 목적보어하게 하다'라는 의미로 해석해요. 이때 목적보어는
형용사(different)와 명사("Me")가 모두 쓰일 수 있어요.

● 내 상황에 맞는 문장으로 바꾸기(make 활용)
예) The things that <u>make me unique</u> are the things that <u>make me "Me"</u>. (나를 독특하게 만드는 것들이 곧 나를 나답게 하는 것들이다.)

☞
- -

● AI가 알려주는 '오늘의 문장'과 같은 뜻, 다른 문장으로 바꾸기
▷ The things that set me apart are what define me.
▷ My differences are what shape me.
▷ The things that make me stand out are what make me myself.

● 오늘의 단어 * 오늘 배운 문장에서 어려운 단어가 있다면 정리해보세요.

Day10   내 인생의 꿀단지

오늘의 문장

A day without a friend is like a pot without a single drop of honey left inside.
친구가 없는 하루는 꿀이 한 방울도 남아있지 않은 항아리와 같아.
#친구 #노력으로 채우는 것

나이가 들고, 사회생활을 할수록 제 휴대전화 속 연락처도 늘어났어요. 꿀단지에 꿀이 가득 차 있듯 잘 살고 있다는 생각에 뿌듯하던 시절이 있었어요. 그러다 갑자기 찾아온 코로나 때문에 늘 보던 직장 동료와 밥 한 끼, 차 한잔 마시는 것도 어려워졌고, 친구는커녕 가까운 친척들도 만날 수 없는 상황이 펼쳐졌죠. 한동안 간결해진 인간관계에 한편으로는 피로감을 덜 느껴서 좋기도 했어요. 저절로 정리된 인간관계에 만족하며 내 자신에 집중하는 나를 성숙해졌다고 스스로 칭찬하기도 했죠. 그러던 어느 날 거래처와의 미팅이 생각보다 빨리 끝난 날이었는데, 그냥 집으로 돌아가긴 아쉬워 휴대전화 속 연락처를 뒤지기 시작했어요. 카카오톡에도 인스타그램에도 선뜻 연락할 친구가 없다는 생각이 들더라고요. 푸도 이런 마음이었을까요? 가장 좋아하는 꿀이 없어 텅 빈 항아리를 보는 것이 어떤 마음이었을지 알 것 같았어요. 꿀단지 안의 꿀은 그냥 채워지는 게 아니더라고요. 내가 시간과 돈이라는 품을 들여야 해요. 전 제가 필요할 때 그냥 꺼내먹기만 했지 애써 채우려 노력하지 않은 게 아닐까 하는 생각이 들었어요. 푸에게 꿀은 없어서는 안될 존재예요. 저에게는 그게 친구였던 거죠. 여러분의 꿀단지에는 없으면 안되는 것으로 무엇을 채우고 싶으신가요?

A day without a friend is like a pot without a
- -
single drop of honey left inside.
- -

- -

- -

오늘의 구문

A day <u>without</u> a friend is <u>like</u> a pot <u>without</u> a single drop of honey left inside.

without은 '~없이'로 해석하고 뒤에 명사나 동명사가 와요.

without은 '~없이' 라는 표현으로 without a friend(친구 없이), without a single drop of honey(꿀 한 방울 없이) 라고 해석해요. 여기서 쓰인 like는 '좋아하다'가 아니라 '~처럼, ~같이'라는 뜻으로 쓰였어요.

● **내 상황에 맞는 문장으로 바꾸기(without 활용)**

예) A song without melody is like a dance <u>without</u> rhythm. (멜로디 없는 노래는 리듬 없는 춤 같아.)

- -

● **AI가 알려주는 '오늘의 문장'과 같은 뜻, 다른 문장으로 바꾸기**
▷ A day without a friend feels empty and lonely.
▷ A day without a friend is like a sky without the sun.
▷ Life without friends is like a garden without flowers.

● **오늘의 단어** * 오늘 배운 문장에서 어려운 단어가 있다면 정리해보세요.

〈Rabbit〉 by 플로리스 베스터

Chapter 02

피터 래빗

Peter Rabbit

- 베아트릭스 포터

평범한 인물들의
특별한 이야기

This is a fierce bad Rabbit. This is a nice gentle Rabbit.

이 토끼는 사납고 못된 토끼예요. 이 토끼는 아주 순한 토끼랍니다.

#인물은 입체적이다

영어 수업을 할 때 인물(character)을 분석해야 하는 경우가 있습니다. 그럴 때 인물의 외모, 성별, 인종을 규정하고 성격을 묘사하며 그 인물이 그렇게 될 수밖에 없었던 성장 배경을 전달하기도 합니다. 그리고 그게 독자의 몰입을 만들죠. 동화 〈아기돼지 삼형제〉를 모르는 분은 없을 겁니다. 그런데 이 이야기 속 늑대를 대변해서 쓴 동화가 있어요. 〈늑대가 들려주는 아기돼지 삼형제〉인데 늑대의 억울한 입장이 절절하게 쓰여 있습니다. 예를 들면 아기 돼지의 집을 날리고 잡아먹으려던 의도가 아니라 재채기가 나와서 어쩔 수 없었다고요. 〈흥부전〉도 비슷해요. 놀부의 입장에서는 흥부가 남에게 의존적인 성격처럼 보였다는 관점에서 새롭게 쓴 〈놀부전〉이 있습니다. 이렇듯 우리는 문학이나 영화 속에서 다채로운 캐릭터들을 만납니다. 이번 〈피터 래빗〉 시리즈의 메인 캐릭터인 피터 래빗은 영리하지만 장난기 많은 토끼입니다. 위 문장은 이처럼 입체적인 피터 래빗의 성격적 특징을 설명한 겁니다. 그리고 〈피터 래빗〉 전 시리즈에는 주인공 토끼뿐 아니라 농장 속 다양한 캐릭터들이 함께 등장합니다. 때로는 엉뚱하고, 못되고, 순진하고, 성실한 존재들 말이에요. 동물로 묘사했지만 우리 주변에 어디선가 만나본 듯한 인상을 줘요. 고전 〈피터 래빗〉은 다양한 등장인물 속에서 자신과 주변 사람을 찾아내는 재미가 있는 책이랍니다.

This is a fierce bad Rabbit. This is a nice gentle

Rabbit.

오늘의 구문

This is a fierce bad Rabbit. This is a nice gentle Rabbit.

동일한 구조를 가졌지만 상반된 이미지를 전달하는 구조의 문장이에요.
문장 구조는 같지만 명사나, 형용사 등 대상을 묘사하는 말로 서로 상반된 뜻을 전달할 수 있어요.
selfish(이기적인), rude(무례한), cynical(냉소적인), stubborn(고집스러운), arrogant(거만한), lazy(게으른)
같은 형용사는 부정적인 성격을, thoughtful(사려 깊은), responsible(책임감 있는), patient(인내심 있는),
honest(정직한), diligent(성실한) 등은 긍정적인 성격을 나타낼 때 써요.

● 내 상황에 맞는 문장으로 바꾸기(반대말 형용사 활용)
예) This is a tall old Tree. This is a small young Tree. (이것은 키가 크고 오래
된 나무다. 이것은 작고 어린 나무다.)

👉
- -

● AI가 알려주는 '오늘의 문장'과 같은 뜻, 다른 문장으로 바꾸기
▷ This is a very aggressive Rabbit. This is a very kind Rabbit.
▷ This Rabbit behaves badly. This Rabbit behaves nicely.
▷ This is a Rabbit with a bad temper. This is a Rabbit with a good heart.

● 오늘의 단어 * 오늘 배운 문장에서 어려운 단어가 있다면 정리해보세요.

Day12 친절은 전염성이 있다

> **오늘의 문장**
>
> Be kind, always, to everyone you meet,
> and do it with a cheerful heart.
> 당신이 만나는 누구에게나 기쁜 마음으로 항상 친절하게 대하세요.
> #친절함 #위로

"Be kind, for everyone you meet is fighting a hard battle(만나는 모든 사람이 힘든 싸움을 하고 있으니 친절하게 대해주세요)."라는 말을 듣자마자 위 문장이 떠오르더라고요. 우연히 인터넷에서 이 문구를 본 날 이후로 저는 태도에 큰 변화가 생겼어요. 업무나 육아 스트레스가 쌓이거나, 사람들과 싸운 날엔 괜히 세상에도 시비를 걸고 싶을 때가 있잖아요. 내 안의 화는 스스로 해결해야 하지만 결국 바깥으로 분출되는 날이 있어요. 그런 날 누군가와 어깨를 부딪히거나 상점에서 불친절을 경험하기라도 하면, 밖으로 화를 내도 된다고 내 안에 작은 명분이 생깁니다. 하지만 상대방 입장은 어떨까요? 불특정 다수로부터 어떤 공격을 받게 될지 몰라 매일같이 긴장해야 하는 사람의 삶은 마치 전쟁터 같을 겁니다. 우리 사회가 언제부터 타인에게 화풀이를 하게 되었는지 모르겠지만 어쨌든 현재는 나보다 낮은 지위에 있거나, 당장 눈에 보이지 않는 사람들에게 큰소리를 치는 경향이 있어요. 그래서 인터넷 악플도 넘쳐나는 시대가 되었습니다. 그럴 때일수록 내 감정이 중요하듯 타인의 감정도 소중하다는 걸 깨닫고, 친절한 한마디를 남기면 어떨까 해요. 여러분은 오늘 누구를 만나든 꼭 친절하게 대해주세요. 그럼 당신이 그랬듯이 누군가가 또 당신에게 친절을 베풀 거예요.

오늘의 문장 따라 쓰기

Be kind, always, to everyone you meet, and
do it with a cheerful heart.

오늘의 구문

Be kind, always, to everyone you meet, and <u>do it</u> with a cheerful heart.

be+형용사 / 일반동사로 시작하는 명령문 형태의 문장이에요.
주어 없이 동사로 시작하는 문장은 명령문이에요. 주어가 you인 것이 분명하기 때문에 생략하기도 합니다. 명령문 두 개가 접속사 and로 결합되어 있어요. do it의 it은 앞에 '친절하게 대하라는 것'을 의미하는 대명사예요.

● **내 상황에 맞는 문장으로 바꾸기(명령문 활용)**
예) Be polite, always, to those you serve, and <u>do it</u> with respect. (항상 당신이 섬기는 사람들에게 예의를 지키되, 존경심을 가지고 대하세요.)

● **AI가 알려주는 '오늘의 문장'과 같은 뜻, 다른 문장으로 바꾸기**
▷ Always be kind to everyone, and do it with joy in your heart.
▷ Be kind to everyone you encounter, always, and do it with happiness.
▷ Be kind, at every moment, to everyone you meet, and do it with love.

● **오늘의 단어** * 오늘 배운 문장에서 어려운 단어가 있다면 정리해보세요.

나의 위치가
나의 길을 알려줄 때가 있다

Day13

오늘의 문장

He had not the least idea which way to go.
어느 쪽으로 가야 할지 전혀 감을 잡을 수가 없었지요.

#적절한 판단 #자신감 #책임감

이 문장은 농장 주인에게 걸린 토끼가 사면초가의 상황에서 어디로 가야 할지 모르게 되자 한 말입니다. 안절부절 못하는 토끼의 모습이 그려지시나요? 저는 얼마 전에 미팅이 있어 복잡한 강남 한복판에 차를 가져가야 할 일이 있었어요. 좁은 골목 반대편에서 차가 제 쪽을 향해 오는 거예요. 분명 너무 좁은 길이고 오른쪽 옆에는 전봇대가 있어서 꼼짝을 못하는 상황이었는데 말이에요. 그럴 때 제가 할 수 있는 최선은 창문을 조금 내리고 "죄송한데 뒤로 조금만 빼주실래요? 제가 운전이 미숙해서요"라고 말하는 겁니다. 그런데 본인이 운전에 능숙하다고 생각하는 분들은 다른 방법을 쓰시더라고요. 가끔은 상대가 비킬 때까지 버티고 서 있을 때도 있고, 조금이라도 비켜 나갈 공간이 있어 보이는 길이면 자신의 운전 실력을 뽐내면서 아슬아슬하게 지나가고요. 사실 이건 웬만한 자신감으로는 할 수 없는 일이죠.

일할 때도 비슷하지 않나요? 신입사원이라면 상황을 빠르게 인정하는 선택을 해야 합니다. 그게 안전해요. 하지만 결정권자 혹은 숙련자라면 상황에 따라 버티고, 아슬아슬한 가능성에 모험을 걸어야 할 때도 있습니다. 우리가 다음 선택지를 선택하기 어려운 상황이라면 일단 나의 객관적인 위치를 점검해 보는 게 도움이 될 때가 있어요. 초심자인지 경력자인지에 따라 해결책이 다르기도 하거든요.

He had not the least idea which way to go.
- -

- -

오늘의 구문

He had not the least idea which way to go.

의문사 which를 활용한 문장이에요.

의문사 which와 way가 합쳐져 '어느 쪽, 어느 방향'이라는 의미를 가져요. which way to go라고 하면 '어디로 가야 할지'라는 뜻으로 where to go로 바꾸어 쓰면 더 명확한 의미가 돼요. 동사 had의 부정 형태로 구어체는 didn't have를 주로 사용하고, 문어체에서는 had not이라고 쓰기도 해요.

* least 최소의

● 내 상황에 맞는 문장으로 바꾸기(의문사 활용)

예) She had no clue where to start. (그녀는 어디서 시작해야 할지 전혀 몰랐다.)

- -

● AI가 알려주는 '오늘의 문장'과 같은 뜻, 다른 문장으로 바꾸기

▷ He had no idea which direction to go.

▷ He had no notion of which way to turn.

▷ He was at a loss as to which way to go.

● 오늘의 단어 * 오늘 배운 문장에서 어려운 단어가 있다면 정리해보세요.

Day14 뜻밖의 초대

오늘의 문장

Peter said he thought he might feel better if he went for a walk.

피터는 산책을 하면 기분이 좋아질지도 모른다고 말했어요.

#나를 기분 좋아지게 하는 것

어떤 일이나 행동을 할 때 기분이 좋아지는(feel better) 경험을 하시나요? 저는 큰아이 학교에서 학부모회장을 맡은 적이 있었어요. 학교 일이라는 게 참 쉬운 일이 아니더라고요. 자식을 맡겼으니 큰소리를 못 내지만 제가 맡은 직책은 싫은 소리도, 옳은 소리도 해야 하는 자리였으니 피할 수도 없었습니다. 어영부영 한 학기를 보내고 2학기가 되자 조금씩 눈에 보이는 것들이 있었습니다. 효율이 떨어지는 답답한 행정들이요. 선생님이나 학교의 잘못이라기보다 시스템의 문제였죠. 하지만 그날은 카톡으로 언쟁이 오가기도 해서 마음이 힘들었습니다. 단톡방에 같이 참여하고 있던 다른 임원 한 분이 제게 개인 메시지를 주셨어요. "회장님, 안 바쁘시면 오늘 저희 집에 오세요. 비도 오니 호박전이나 부쳐 먹어요." 한창 열이 올라있는데 띵 하고 울린 메시지를 보고는 순식간에 화가 가라앉는 거 있죠? 그 어머님께서 "회장님, 집 앞 카페에서 차 한잔하실래요?" 했다면 거절했을 수도 있어요. 그런데 집으로 초대해서 따뜻한 음식을 대접해주신다는 말씀이 제 기분을 순식간에 전환시켰습니다. 문제를 해결해주신 게 아니었는데도 본인 집 현관문을 열어주신 것만으로 저에게는 큰 환대였습니다. 피터는 산책을 하면 기분이 좋아진다고 했는데 저는 타인의 정성을 느낄 때 기분이 좋아지나봐요. 여러분의 기분 전환 포인트는 무엇인가요?

Peter said he thought he might feel better if
_____
he went for a walk.
_____

_____

_____

오늘의 구문

Peter said he thought he might feel better <u>if he went for a walk.</u>

조건절 if를 사용해 '만약 ~라면'이라는 의미의 말을 전할 수 있어요.
If는 가정법, 조건문 등에 쓰이는 접속사예요. 'If+주어+현재 시제'가 오면 특정 조건이 만족될 때 그 결과가 발생하는 조건문이 됩니다. 'If+주어+과거 시제'는 현실의 반대 상황이거나 일어날 가능성이 희박한 경우예요. 위 문장에서도 가정법 과거 형태가 쓰였고 불확실하지만, 가능성을 뜻하는 의미로 쓰였어요.

● 내 상황에 맞는 문장으로 바꾸기(If 조건절 활용)
예) Emily said she thought she might cook dinner <u>if she was hungry.</u> (에밀리는 배가 고프면 저녁을 할지도 모른다고 말했어요.)

_____

● AI가 알려주는 '오늘의 문장'과 같은 뜻, 다른 문장으로 바꾸기
▷ Peter said that taking a walk might make him feel better.
▷ Peter believed that a walk might improve his mood.
▷ Peter wondered if a walk might improve how he felt.

● 오늘의 단어 * 오늘 배운 문장에서 어려운 단어가 있다면 정리해보세요.

Day15 초라해도 괜찮아

> **오늘의 문장**
>
> ---
>
> Occasionally Peter Rabbit had no cabbages to spare.
>
> 가끔 피터 래빗은 나눠줄 양배추가 넉넉하지 않아.
>
> #나눔 #잘 받는 마음

드라마 〈응답하라〉 시리즈에 열광했던 사람이라면 공감할 거 같아요. 그 시절의 나이대가 아니더라도 그 드라마를 재밌게 봤다면 우리가 살던 모습을 간접 경험했을 거라 생각합니다. 특히 〈응답하라 1988〉의 인상적인 장면 중에 하나는 저녁 식사 무렵이 되자, 이집 저집으로 반찬을 옮기는 주인공들의 모습입니다. 작은 그릇도 아니에요. 집에서 밥과 반찬을 얼마나 많이 한 건지 한 대접씩 각 집에 퍼줍니다. 결국 아빠와 아들 두 식구만 사는 택(박보검 분)이네 집에는 단출했던 식탁이 금방 풍성해졌습니다. 이걸 우리는 '정'이라고 부릅니다. 영어로 옮기기가 쉽지 않은 단어예요. 왜냐하면 문화가 달라서죠. 지금 우리가 이런 풍경을 드라마 속에서만 찾는 것도 어쩌면 요즘 현실 속에서 찾아보기 힘들어서일 겁니다.

〈피터 래빗〉을 보면서 콩 한쪽도 나눠 먹던 그 시절의 향수가 떠올랐어요. 요즘은 '없어서' 못 나누기 보다 '좋은 게 없어서' 못 나누는 느낌이에요. 내가 가진 게 초라하게 보이거나 상대방이 우습게 볼까봐 나누려고 꺼냈던 손이 부끄러워 다시 넣는 경험도 하는 것 같아요. 그래도 그 마음은 나눠지는 거니까 오늘 옆 사람에게 내가 가진 아주 작은 것이라도 나눠보는 건 어떨까요?

Occasionally Peter Rabbit had no cabbages to

spare.

Occasionally Peter Rabbit had no cabbages to spare.

to부정사의 형용사적 용법은 이런 경우에 써요.

to부정사는 대신하는 역할에 따라 명사적 용법, 형용사적 용법, 부사적 용법으로 나뉘어요. 오늘의 구문에서는 명사인 cabbages를 수식하는 형용사적 용법의 to부정사가 쓰였어요. 이럴 때는 '~할'로 해석해요. '나눠줄 양배추'라고 이해할 수 있어요.

* occasionally 가끔

● 내 상황에 맞는 문장으로 바꾸기(to부정사의 형용사적 용법 활용)

예) Peter Rabbit frequently had no vegetables to cook. (피터 래빗은 종종 요리할 채소가 없어.)

● AI가 알려주는 '오늘의 문장'과 같은 뜻, 다른 문장으로 바꾸기

▷ Sometimes Peter Rabbit didn't have any cabbages to spare.

▷ From time to time, Peter Rabbit found no cabbages to share.

▷ Peter Rabbit occasionally had no extra cabbages to share.

● 오늘의 단어 * 오늘 배운 문장에서 어려운 단어가 있다면 정리해보세요.

벌써 다 익었다면
냉장고에 저장하자

오늘의 문장

The acorns are ripe, and we must lay them up for the winter and spring.

도토리가 익었고 겨울과 봄에 먹기 위해 저장해야만 해요.

#숙성은 또 다른 미숙함의 다른 이름

ripe는 곡물이나 과일이 무르익은 것을 나타낼 때 쓰지만 mature처럼 성숙하다는 의미로 쓰기도 해요. 어떤 음식은 신선(fresh)한 상태가 최상인 것도 있지만 어떤 음식은 충분히 익어야 달고, 맛있는 상태가 되기도 해요. 사람의 인생도 마찬가지인 것 같아요. 나이대에 따라 특징적으로 매력적인 면이 있어요. 10대는 천진난만하고, 순진한 모습이 매력이에요. 20대는 청춘이죠. 대학교 1학년을 freshman이라고 부르는 이유도 미숙함과 파릇함을 나타내기 위한 것이고 그래서 실수도 용서가 되죠. 30대는 설익은 밥 같아요. 밥이 되긴 됐는데 맛있는 상태는 아닌. 뭔가 이룬 것 같은데 완전하진 않은. 하지만 20대처럼 실수가 잦으면 안 되고, 조금씩 책임이 생겨요. 그렇게 40대가 되면 가정에서, 회사에서 책임을 지거나 결정해야 하는 일이 많아져요. 조금씩 익은 과일이 되어 가는 거죠. 다 익은 과일은 가장 맛있지만, 어쩐지 시장에서 왕성하게 경쟁하기엔 조금 밀리는 기분도 들어요. 제가 직접 경험해보지는 못했지만 50대 이후의 선배들을 관찰해보면, 개별 음식이 아니라 고급 요리 한상 같아 보여요. 익혀야 하는 건 익혀서, 싱싱해야 하는 건 싱싱한 상태로 적절하게 잘 요리된 음식 말이에요. 그러니 무조건 무르익기를 바라지 않았으면 해요. 만약 어떤 부분이 벌써 다 익었다면 잘 냉장고에 저장해두고 새로운 부분을 키워가도 좋겠어요. 언젠가는 모두 좋은 재료로 쓰일 테니까요.

The acorns are ripe, and we must lay them up
- -
for the winter and spring.
- -

- -

- -

오늘의 구문

The acorns are ripe, and we <u>must</u> lay them up for the winter and spring.

'해야만 해!'라는 표현을 하고 싶을 때는 조동사 must를 써요.
조동사 must는 의무, 필요성, 강한 추측 등을 표현하고 싶을 때 써요. have to, need to, should와 바꿔 쓸 수 있어요. 긍정문일 때는 '~해야 한다', 부정문일 때는 '~해서는 안 된다'라고 해석해요.
* lay up 저장하다

● **내 상황에 맞는 문장으로 바꾸기(must 활용)**
예) We <u>must</u> leave early to avoid the traffic jam. (우리는 교통체증을 피하기 위해 일찍 떠나야 해.)

- -

● **AI가 알려주는 '오늘의 문장'과 같은 뜻, 다른 문장으로 바꾸기**
▷ We must prepare the acorns for the winter and spring because they are ripe.
▷ The acorns are ripe, so we need to store them for the winter and spring.

● **오늘의 단어** * 오늘 배운 문장에서 어려운 단어가 있다면 정리해보세요.

오늘도
히어로를 꿈꾼다

오늘의 문장

It is the moral of the tale that greed and overindulgence lead to ruin.

'탐욕과 지나친 탐닉은 파멸을 초래한다'가 그 이야기의 교훈이에요.

#탐욕 #탐닉 #결과

피터 래빗은 말썽꾸러기 토끼예요. 그래서 엄마의 경고를 무시하고 결국 맥그레거 아저씨의 정원에 몰래 들어갑니다. 피터는 탐욕스러운 호기심 때문에 정원에 들어가 과일과 채소를 몰래 먹다가 맥그레거 아저씨에게 걸려 도망치는 신세가 됩니다. 그 상황에 나온 문장치고는 꽤 무겁죠? 이런 식의 표현은 피터 래빗 이야기의 웃음 포인트입니다. 실제 이런 대사와 찰떡궁합인 인물은 고전 스토리에서 빌런(villain)으로 많이 등장하죠? 〈백설공주〉의 왕비도, 〈알라딘〉에서 왕국을 차지하려는 자파도, 〈스머프〉 속 가가멜도 처음에는 작은 탐욕에서부터 시작합니다. 하지만 그게 걷잡을 수 없이 커지면서 스스로 재앙을 부르는 상황이 되죠. 슈퍼 히어로와 악당의 대결 구도에서 악당은 늘 재앙을 맞이하고 히어로는 큰 승리를 거두는 선악 구도가 우리에게 카타르시스를 줍니다. 히어로에 대한 수요가 많아지면서 인과응보 형태의 결말이 대량으로 양산되고 있어요. 가장 큰 이유는 현실에서 내 주변 빌런들에게 그런 통쾌한 복수를 할 수 없으니 대리만족을 하는 거겠죠. 현실 세계에서는 탐욕을 부리면 부릴수록, 욕심을 가지면 가질수록 성공하거나, 높은 자리에 올라가는 사례가 더 많죠. 그래서 우리는 순진한 사람들에게 헛똑똑이라고 핀잔을 주며, 약게 행동하라고 합니다. 하지만 자세히 들여다보면 영화나 동화에서처럼 직접적이고 처절하진 않더라도 결국 과한 욕심은 화를 부르더라고요. 하늘은 생각보다 공평해요.

It is the moral of the tale that greed and
_ _
overindulgence lead to ruin.
_ _

_ _

_ _

오늘의 구문

It is the moral of the tale <u>that</u> greed and overindulgence lead to ruin.

가주어 it을 사용한 it- that 구문은 주어가 길 때 사용해요.

가짜 주어인 it을 앞에 쓰고 진짜 주어를 뒤에 쓰는 경우는 주어가 길거나 강조하고 싶은 부분이 있을 때 입니다. 'greed and overindulgence lead to ruin.' 이렇게 긴 문장이 주어이다 보니 이 부분을 that이하로 옮기고 주어는 간단하게 it으로 처리했습니다. overindulgence는 '사치'라는 뜻의 indulgence에 접미사 over가 붙어 '지나친 방임, 제멋대로 함, 탐닉'이라는 뜻이 된 명사예요.

* moral 교훈 / tale 이야기·소설

● 내 상황에 맞는 문장으로 바꾸기(가주어 it-that 활용)

예) It is the message of the book <u>that</u> honesty is the best policy. (책의 메시지는 정직이 최선의 방책이라는 것이다.)

_ _

● AI가 알려주는 '오늘의 문장'과 같은 뜻, 다른 문장으로 바꾸기
▷ The tale teaches us that greed and overindulgence lead to ruin.
▷ According to the tale, greed and overindulgence lead to ruin.
▷ The story conveys that greed and overindulgence lead to ruin.

● 오늘의 단어 * 오늘 배운 문장에서 어려운 단어가 있다면 정리해보세요.

Day18

그 옷이
조금 작게 나왔어요

얼마 전에 새로 생긴 대형 쇼핑몰을 방문했습니다. 유명한 베이글 브랜드가 들어온다고 인파가 어마어마했어요. 그런데 저는 베이글 때문이 아니라 급히 필요한 옷 때문에 갔어요. 아시잖아요. 온라인으로 주문하면 배송이 언제 될지 몰라 마음 졸이게 되는 경우. 마침 딱 그런 상황이라 새로 생긴 쇼핑몰로 향했습니다. 좀 어수선했지만, 눈에 띄게 손님이 많은 매장이 하나 있었어요. 마침 제가 찾던 취향이라 들어갔는데 응대하시는 직원분이 살갑게 말을 거시더라고요. 매일 컴퓨터 앞에 앉아 작업하고, 운동량이 부족한 저는 옷가게에 갈 때마다 위축되곤 하는데요. 일단 그분은 칭찬으로 시작하셨어요. 한눈에 봐도 작을 것 같아 안 맞을 것 같다고 하니 일단 입어보래요. 입었는데 역시나 작았습니다. 그런데 그분 말씀이 "아, 이 옷이 좀 작게 나왔어요." 그냥 하는 말씀인 걸 알면서도 기분이 좋았습니다. 사실 내 잘못이 아니라는 말을 듣고 싶었던 것 같아요. 누구나 이런 말이 듣고 싶을 겁니다. 내가 잘못한 거 스스로도 알지만 그래도 좀 누군가 내 편이 되어주었으면 하는 마음이 있잖아요. 〈피터 래빗〉 속 저 대사 역시 출입구에 껴서 나오지 못하는 것이 자기 탓이 아니라 출입구 탓이라고 우겨보고 싶은 겁니다. 그나저나 그 때 그 옷가게 직원분은 그 말 한 마디로 꽤 많은 매출을 올리셨다지요?

I am not too fat to get through; the door is too
_ _
narrow.
_ _

_ _

_ _

오늘의 구문

I am not <u>too</u> fat <u>to</u> get through; the door is too narrow.

'너무 ~해서 …할 수 없다'라는 뜻을 표현할 때 too ~ to 용법을 써요.

too ~to 용법은 '너무 ~해서 …할 수 없다'로 해석하기 때문에 구문 자체는 "너무 뚱뚱해서 통과할 수 없다"라는 뜻이지만 앞에 not이 한 번 더 붙어서 "내가 너무 뚱뚱해서 통과할 수 없는 게 아니야"로 해석해야 옳습니다. 복잡하니 긍정문으로 too~to 용법의 예시를 봅시다. I'm too young to understand.(나는 너무 어려서 이해하기 어렵다.)

● 내 상황에 맞는 문장으로 바꾸기(too~to 용법 활용)

예) The coffee is <u>too</u> strong <u>to</u> drink without milk. (그 커피는 너무 진해서 우유 없이 마실 수 없다.)

_ _

● AI가 알려주는 '오늘의 문장'과 같은 뜻, 다른 문장으로 바꾸기

▷ I'm not too wide; the door is just too narrow.
▷ The door is too small, not me.
▷ I'm not too big to fit; the door is just too small.

● 오늘의 단어　* 오늘 배운 문장에서 어려운 단어가 있다면 정리해보세요.

반대로 걷는 사람

오늘의 문장

There was only one person who was going the other way.

단지 한 사람, 반대 방향으로 가고 있는 사람이 있었어요.

#다수는 정의가 아니다 #다수는 다수일 뿐

이 문장은 단지 물리적인 행동을 할 때만이 아니라 우리가 가진 생각을 표현할 때도 쓸 수 있을 것 같아서 뽑았어요. 일상을 살면서 우리가 알게 모르게 정의라고 생각하는 게 있어요. 바로 주변의 다수가 이야기하는 것이 옳다고 여기는 것입니다. 하지만 집단의 압력에 의해 개인의 의견이 왜곡되거나 무시되는 경우도 있고, 더 나아가서는 오히려 다수가 비합리적인 결정을 내리게 되는 경우도 있습니다. 다수결은 단순히 숫자에 의한 결정일 뿐, 그 결정이 반드시 윤리적이거나 공정하다고 볼 수는 없어요. 그럼에도 불구하고 우리는 많은 사람들이 가는 길이 선(善)이라고 여기는 경향이 있어요. 대학 전공을 정할 때나 졸업 후에 진로를 정할 때 다수가 선망하는 전공이나 직업을 갖고 싶어 하는 것도 이런 사회적 분위기가 아닌가 싶어요. 안정적인 직장, 전문직, 고소득만이 행복한 삶을 영위할 수 있다고 온 세상이 이야기하는 것 같아요. 그런 분위기 속에서 나만 다른 쪽으로 간다고 선언하기란 여간 힘든 일이 아닙니다. 다들 신기한 눈으로 쳐다보며 한 마디씩 거들거든요. 그래서 남들이 하지 않는 일, 가지 않는 길을 가는 건 꽤 인내심이 필요한 일이에요. 하지만 잊지 않았으면 해요. 다르다고 틀린 길을 가는 건 아니니 나만의 길을 찾았다면 흔들리지 말 것.

There was only one person who was going the

----

other way.

☞

오늘의 구문

There was only one person <u>who</u> was going the other way.

관계대명사 who를 이용해 인물을 좀 더 자세히 묘사할 수 있어요.

관계대명사 who를 활용하면 사람에 대한 정보나 묘사를 보탤 수 있어요. 어떤 사람인지 설명하고 싶을 때 only one person 뒤에 관계대명사 who를 써서 설명을 덧붙입니다. 만약 사람이 아니라 사물이라면 관계대명사 which나 that을 써요. only one thing that~ 이렇게 쓸 수 있습니다.

● 내 상황에 맞는 문장으로 바꾸기(관계대명사 who 활용)

예) He is the artist <u>who</u> painted that beautiful picture. (그는 저 아름다운 그림을 그린 화가야.)

☞

● AI가 알려주는 '오늘의 문장'과 같은 뜻, 다른 문장으로 바꾸기

▷ There was just one person going the other way.

▷ Just one person was going in the opposite direction.

▷ One person was going a different way.

● 오늘의 단어 * 오늘 배운 문장에서 어려운 단어가 있다면 정리해보세요.

 **결코 작지 않아**

오늘의 문장

It was indeed a very small shop, but there
was everything you could possibly want.
정말 아주 작은 가게였지만 당신이 원할 것 같은 건 다 있었어요.

#진짜 딱 필요한 것

〈피터 래빗〉 시리즈 중에 진저(Ginger)와 피클스(Pickles)라는 고양이와 강아
지는 작은 구멍가게를 운영하고 있어요. 그 가게는 매우 작고 소박하지만, 고
객들이 원하는 모든 물건이 갖춰져 있었어요. 현대 사회에서는 크고 화려한
것에 가치를 두지만 우리는 여전히 작고 소박한 것들을 동경합니다. 화려한
쇼핑몰이나 프랜차이즈 커피숍도 좋지만 굳이 좁디 좁은 골목 한쪽에 있는
작은 커피숍을 찾아가죠. 허름하고 오래된 떡볶이 맛집이나 주차도 안 되는
동네 작은 서점으로 향합니다. 크고 화려하고 모든 것을 갖춘 것이 편리하기
는 하지만 우리의 감성을 만져주고, 충족시키는 데 꼭 편리함만이 정답은 아
닙니다. 화려한 도시인 뉴욕의 한복판에 소호(soho)가 명맥을 유지하는 것도
어쩌면 이런 이유 아닐까요?

다수의 대중들이 좋아하는 것을 따르는 것도 좋지만, 나만의 취향에 맞는 작
은 공간의 가치도 그만큼 중요합니다. 아주 작은 가게이지만 그 속에 본질은
결코 작지 않은 것이지요. 현재 자신의 모습이 작고 초라해 보일지 모르지만,
내면이 단단하다면 분명 나를 필요로 하는 누군가를 만나게 될 겁니다. 남들
이 동경하거나 노후가 보장된 직업을 갖지 못했어도 나는 나 자체로 유일무
이한 존재입니다. 나에겐 없는 게 없어요. 그걸 지켜내야 합니다. 남들과 같
아지려고 하는 순간 나만의 가치는 사라지고 겉모습만 화려해질 뿐이에요.
공허해지지 맙시다. 나를 지켜요.

It was indeed a very small shop, but there
was everything you could possibly want.

오늘의 구문

It was <u>indeed</u> a very small shop, <u>but</u> there was everything
you could possibly want.

역접 접속사 but을 이용하여 서로 반대되는 내용을 연결할 수 있어요.
오늘의 문장에서 아주 작은 가게라는 사실과 원하는 모든 것이 있다는 내용은 상반된 내용입니다. 이렇게
반대되는 사실을 연결할 때 역접 접속사 but을 활용할 수 있어요. 비슷한 뜻으로 yet, however 등으로 바
꿔 쓸 수도 있어요. indeed는 '실제로', '진짜로', '정말로'라는 뜻으로 강조하기 위해 쓰는 말입니다.

● 내 상황에 맞는 문장으로 바꾸기(접속사 but 활용)
예) It was indeed a large meal, <u>but</u> there was still room for dessert. (그것
은 정말로 푸짐한 식사였지만, 여전히 디저트를 먹을 공간은 남아 있었다.)

● AI가 알려주는 '오늘의 문장'과 같은 뜻, 다른 문장으로 바꾸기
▷ It was a tiny shop, but it had everything you needed.
▷ The shop was small, yet it had all you could want.
▷ It was a very small store, but it had everything you wanted.

● 오늘의 단어 * 오늘 배운 문장에서 어려운 단어가 있다면 정리해보세요.

〈Rainbow〉 by 닐스 크루거

오즈의 마법사

The Wonderful Wizard of Oz

- 라이먼 프랭크 바움

안락함을 주는 곳

오늘의 문장

There's no place like home.
집 만한 곳이 없어.
#돌아올 곳이 있어야 #떠나는 게 즐겁다

여행 가방을 싸서 현관문을 열고 나설 때의 설렘은 이루 말할 수 없어요. 우린 왜 이렇게 주기적으로 집을 떠나고 싶을까요? 새로운 곳에서의 달콤한 시간이 지나고 돌아오는 길은 언제나 아쉬움이 한가득입니다. 하루만 더 있을 수 있다면 좋겠다는 생각도 자주 합니다.

그런데 막상 그렇게 지친 몸을 이끌고, 여행 가방을 끌고 현관문을 들어서면 어떤가요? 문을 열자마자 코끝에 전해지는 우리집만의 냄새가 느껴지잖아요. 간단하게 짐을 풀고 소파나 침대에 누우면 어김없이 나오는 한 마디가 있지요. "역시, 집이 최고다." 저뿐 아니라 수많은 사람이 비슷한 기분을 느낀다는 걸 증명할 수 있는 근거는 영어에도 비슷한 표현이 있다는 거예요. 익숙하신 분들도 있을 텐데 바로 "Home, sweet home."이에요.

우린 왜 이렇게 일상에서 벗어나고 싶어 하면서도 다시 일상으로 복귀하는 것을 기다릴까요? 〈오즈의 마법사〉에서도 갑작스럽게 고향을 떠나온 도로시에게 허수아비는 묻습니다. 네가 살던 동네가 어떻길래 돌아가고 싶은 거냐고. 그러자 도로시는 대답하죠. 아무리 아름다운 곳이더라도 내가 살던 그곳만한 곳이 없다고 말이에요. 도로시는 알고 있어요. 우리는 단지 집이라는 공간 자체만을 원하는 게 아니라, 함께 살던 사람, 집 주변의 자연 풍경과 이웃들이 모두 자신에게 안락함을 주는 존재라는 걸 말이에요. 여러분도 오늘 여러분 집의 안락함을 마음껏 누릴 수 있길 바라요.

There's no place like home.

오늘의 구문

There's no place like home.

존재를 나타내는 구문 there is와 no가 합쳐지면 부정의 의미를 나타내요.
There is는 존재의 의미이고, 뒤에 부정의 의미인 no place는 어떤 장소도 없다는 부정적 의미를 강조해요. 집 같은, 또는 집 만한 곳은 없다는 뜻이에요. 여기서 home은 단순한 공간적 의미를 넘어 정서적으로 편안하고 특별한 장소를 의미해요.

● 내 상황에 맞는 문장으로 바꾸기(There is no 활용)
예) There's no friend like a pet. (반려동물만 한 친구가 없어.)

● AI가 알려주는 '오늘의 문장'과 같은 뜻, 다른 문장으로 바꾸기
▷ Home is the best place to be.
▷ Nowhere is as comforting as home.
▷ There's nothing like being home.

● 오늘의 단어 * 오늘 배운 문장에서 어려운 단어가 있다면 정리해보세요.

 **무용과 무모**

> **오늘의 문장**
>
> You're confusing courage with wisdom.
>
> 당신은 용기와 지혜를 혼동하고 있어요.
>
> #지혜 #무모함 #용기

어린 아이가 미끄럼틀에서 뛰어내리는 건 용기일까요? 아니면 위험한 일일까요? 우리는 가끔 어른이 되어서도 이런 실수를 합니다. 본인에게 불리한 것 같으면 무조건 화를 내는 거죠. 요즘 분조장(분노조절장애)이라는 말을 많이 쓰더라고요. 갑작스럽게 자기에게 불리하거나 부당하다고 생각하는 일이 생기면 감정을 조절하지 못하고 무지막지하게 화를 내는 경우를 말합니다. 학교나 회사에서 이런 사람들을 보면 어떤 생각이 드나요? 언뜻 문제가 바로 해결되는 것처럼 보입니다. 하지만 장기적으로 보면 동료들은 화를 내서 일을 해결하는 사람과는 함께하기를 꺼리게 됩니다.

연차가 쌓이고 경력이 생긴다는 건 이런 상황에 대해 조금 더 현명하게 대처할 수 있게 된다는 뜻입니다. 즉, 노련한 사람들은 그런 일에 쉽게 화를 내거나 큰소리를 쳐서 일을 해결하거나, 자신이 이 문제를 해결했다는 자만심을 보이지 않습니다. 오히려 조용히 지켜보다가 결정적인 순간에 꼭 필요한 말만 합니다. 그리고 그 문제에 대해 책임은 묻지만 감정적인 비난을 하지는 않습니다. 그러면 상대는 더욱 큰 두려움을 느끼게 됩니다. 저는 이걸 지혜라고 부르고 싶어요.

인생을 살아갈 때 용기와 지혜는 둘 다 필요한 덕목입니다. 용기 없는 지혜는 무용해보일 것이고, 지혜 없는 용기는 무모할 수 있어요. 우리는 높은 미끄럼틀에서 뛰어내리려는 아이에게 지혜롭게 내려오는 방법을 알려줄 수 있는 어른이 됩시다.

You're confusing courage with wisdom.

오늘의 구문

You're <u>confusing</u> courage <u>with</u> wisdom.

confuse A with B는 'A와 B를 혼동하다'라는 뜻이에요.
흔히 혼동하기 쉬운 두 가지 사실, 사물, 사람, 개념 등에 대해 헷갈린다는 표현에 동사 confuse를 쓸 수 있어요. 추상적인 의미인 courage(용기)와 wisdom(지혜)은 헷갈릴 수 있는 개념이에요.

● 내 상황에 맞는 문장으로 바꾸기(confuse A with B 활용)
예) You're <u>confusing</u> kindness <u>with</u> weakness. (당신은 친절함과 약함을 혼동하고 있어요.)

● AI가 알려주는 '오늘의 문장'과 같은 뜻, 다른 문장으로 바꾸기
▷ You're taking courage for wisdom.
▷ You're misunderstanding courage as wisdom.
▷ You're mistaking courage for wisdom.

● 오늘의 단어 * 오늘 배운 문장에서 어려운 단어가 있다면 정리해보세요.

Day23 유토피아를 꿈꾸며

오늘의 문장

A place where there isn't any trouble.

문제가 전혀 없는 곳

#유토피아 #이상적

문제가 전혀 없는 장소라니. 이 말 뒤에 이어지는 말은 "Do you suppose there is such a place?(대체 이런 이상적인 곳이 있을까?)"하고 도로시가 푸념하듯이 하는 말이에요. 유토피아라는 이상향이 어딘가에 정말 존재하는지 우리 모두 궁금해하곤 하죠. 유토피아란 평등, 정의, 평화가 실현된 국가를 말합니다. 이런 이상적인 국가는 인간 사회의 복잡성과 다양성, 그리고 인간 개인의 이기심 때문에 거의 찾기 힘들죠. 우리말에도 '물 좋고, 산 좋고, 경치 좋은 곳은 없다'라는 속담이 있는 걸 보면 이건 만국 공통인 것 같아요.

〈오즈의 마법사〉는 처음부터 결핍으로 시작합니다. 뇌가 필요한 허수아비, 심장이 필요한 양철나무꾼, 용기가 필요한 사자까지. 이상향은 없지만 그 이상향을 만들기 위한 노력, 결핍을 메우려는 시도는 해야 한다는 메시지를 전하고 있어요. 엄친아, 엄친딸이라는 말도 사실 존재하지 않는 인물들 아닌가요? 정말 엄마의 주변 사람들은 말처럼 완벽할까요? 아닐 겁니다. 제가 엄마가 되어보니 확신할 수 있어요. 그 집 아이들의 장점 혹은 그 순간에 비교할 수 있는 장점만 뽑아서 내 아이에게 전달하는 거예요. 절대 상대가 완벽해서가 아닙니다. 그럼에도 그런 이야기를 하는 건 이상적인 모습을 지향하자는 의미겠지요. 이상향일지라도 계속 노력하다 보면 지금보다는 조금 더 나은 모습일 거라고 믿으니까요. 그리고 이건 사실이에요. 현대 사회는 단점도 있지만 분명 과거 보다는 인권, 평등, 정의 등의 가치가 점점 더 중요하게 여겨지고 있으니까요.

A place where there isn't any trouble.

오늘의 구문

A place <u>where</u> there isn't any trouble.

관계부사 where는 장소를 설명할 때 써요.

오늘의 문장에서 where는 place를 수식하며 그 장소의 특징을 부연 설명합니다. any는 부정문에서 주로 쓰이며 '어떤'이라는 의미로 쓰여요. 긍정문에서는 any 대신 some을 쓸 수 있어요.

● 내 상황에 맞는 문장으로 바꾸기(관계부사 where 활용)

예) A place <u>where</u> magic happens. (마법이 일어나는 곳)

● AI가 알려주는 '오늘의 문장'과 같은 뜻, 다른 문장으로 바꾸기

▷ A place free from trouble.

▷ Somewhere without any worries.

▷ A spot where troubles don't exist.

● 오늘의 단어 * 오늘 배운 문장에서 어려운 단어가 있다면 정리해보세요.

 **꿈은 이루어진다**

오늘의 문장

The dreams that you dare to dream really do come true.

당신이 감히 꾸는 그 꿈은 정말로 이루어져요.

#꿈은 이루어진다 #비록 일부일지라도

〈오즈의 마법사〉는 책뿐 아니라 애니메이션과 영화, 뮤지컬까지 만들어질 만큼 유명한 작품이에요. 도로시는 우연히 태풍에 집이 날아가 마법의 오즈 나라에 도착해요. 캔자스로 다시 돌아가기 위해 에메랄드시로 가는 길에 뇌를 원하는 허수아비와 심장을 원하는 양철나무꾼, 용기를 원하는 사자를 만납니다. 위 문장은 책에 나오는 문장은 아니고 뮤지컬에서 나오는 대사로 오즈의 마법사 전체의 메시지를 잘 담고 있어서 뽑았어요. 사실 이 작품 속 주인공들은 모두들 말도 안 되는 꿈을 꾸고 있죠. 뇌 혹은 심장, 용기를 달라는 꿈 말이에요. 하지만 결국 모두 자신이 원하는 꿈을 이룹니다. 〈오즈의 마법사〉에서는 꿈을 이루는 방식으로 노력을 강조하지 않습니다. 꿈을 갖는 것만으로도 의미가 있고, 간절한 사람은 자신의 꿈을 마침내 이룰 수 있다는 긍정의 메시지를 전달합니다.

언젠가 우연히 본 TV 프로그램에서 '미래일기'를 쓰라는 말을 들었어요. 몇 년 후의 나를 상상하면서 미래일기를 써놓고, 그때가 되어 얼마나 이루어졌는지 보는 거죠. 실제로 해본 사람들은 꽤 많은 일들이 이루어졌대요. 우리도 매년 연초가 되면 새해 결심을 하고 새로운 목표도 세우잖아요. 혹시 그 목표의 전부는 아니지만 절반이라도 이룬 경험은 있지 않나요? 그러니 여러분, 꿈을 꾸세요. 당신이 감히 꾸는 그 꿈은 정말로 이루어집니다. 기적처럼.

The dreams that you dare to dream really do

_____

come true.

_____

☞

_____

_____

오늘의 구문

The dreams that you <u>dare to</u> dream <u>really do</u> come true.

'감히'라는 표현을 영어로 쓰고 싶을 때는 dare를 활용하세요.
'dare to+동사원형'은 '감히 ~하다'라는 뜻으로 씁니다. '네가 감히 꾸는 그 꿈'이라고 표현한 것은 그만큼 현실적으로 이루기 힘든 큰 꿈이라는 걸 표현하기 위함이에요. 참고로 really do는 come true를 강조하는 표현으로 쓰였어요. do가 동사로 쓰이지 않았음에 유의하세요.

● **내 상황에 맞는 문장으로 바꾸기(dare to 활용)**
예) The truths that you <u>dare to</u> speak will set you free. (당신이 감히 말하는 진실이 당신을 자유롭게 할 거예요.)

☞

_____

● **AI가 알려주는 '오늘의 문장'과 같은 뜻, 다른 문장으로 바꾸기**
▷ If you dare to dream, your dreams will come true.
▷ The dreams you dare to have can become reality.
▷ Your bravest dreams really do come true.

● **오늘의 단어** * 오늘 배운 문장에서 어려운 단어가 있다면 정리해보세요.

 **한쪽 문이 닫히면
반대편 문이 열린다**

오늘의 문장

If this road goes in, it must come out.

이 길에 들어가는 길이 있다면, 반드시 나오는 길이 있다.

#반드시 끝난다 #그게 무엇이든

문이 닫히면 창문이 열린다라는 말이 있습니다. 제가 그리 오래 산 건 아니지만 옛 선조들이 말한 불혹(不惑)의 나이인 40대의 중반을 달리고 있습니다. 그런데 과연 저는 정말 흔들림 없이 제 길을 갈 수 있을지 의문이 들었는데요. 적어도 20~30대에 비하면 단단해진 느낌입니다. 아마도 20~30대를 살아오면서 그저 꽃길만 걸은 건 아니기 때문일 겁니다. 진흙탕도 아스팔트도 만나고, 강물도 만났습니다. 걷다 보니 우연히 길가에 핀 꽃을 발견하기도 했던 것 같아요. 그러면서 인생의 기본 원리는 언제나 변치 않는다는 대전제를 조금씩 깨닫기 시작했습니다.

어른이 될수록 저마다 각자의 삶의 공식 몇 가지를 발견하게 됩니다. 그럼 인생이 조금 예측가능해집니다. 제가 발견은 공식은 '아웃풋(output)은 언제나 인풋(input)만큼만', '행운 총량의 법칙'입니다. 위에서 소개한 문장은 제가 생각한 공식이 전부 적용되는 말인 것 같아요. 들어가는 길이 있다면 언제나 나오는 길도 있기 마련입니다. 그 길이 고통이든 행운이든 언제나 끝은 있다는 말입니다. 끝없는 고통이 계속되는 법은 없기에 포기하지 않는 마음이 중요하며, 끝없는 행운도 없기에 언제나 겸손한 마음이 필요합니다. 위 문장은 뇌가 없는 허수아비가 지나가는 말로 한 문장인데, 그 의미를 살펴보면 허수아비가 누구보다 지혜와 지식을 갖고 있다는 생각이 드는 건 저뿐일까요?

If this road goes in, it must come out.

_____

_____

오늘의 구문

If this road goes in, it must come out.

조건절 if를 사용해서 두 개의 서로 상반되는 문장을 연결해요.
'만약 ~한다면, 반드시 …할 것이다'라는 구조의 문장을 만들고 싶다면 오늘의 구문을 활용하세요. 당연한 이치나 논리적인 결론을 강조하는 표현입니다. 진행 방향을 나타낼 때는 go in, come out처럼 전치사를 이용해요.

● 내 상황에 맞는 문장으로 바꾸기(조건절 if 활용)
예) If the sun sets, it must rise. (해가 지면, 반드시 뜬다.)

_____

● AI가 알려주는 '오늘의 문장'과 같은 뜻, 다른 문장으로 바꾸기
▷ If this path leads in, it must lead out.
▷ If a way goes in, it will come out.
▷ If you enter, there must be an exit.

● 오늘의 단어 * 오늘 배운 문장에서 어려운 단어가 있다면 정리해보세요.

Day26 심장 vs. 뇌

> **오늘의 문장**
>
> I shall take the heart. Happiness is the best thing in the world.
>
> 나는 마음을 가질 거야. 행복은 세상에서 가장 좋은 것이니까.
>
> #감정 #심장과 뇌

〈오즈의 마법사〉를 읽으면서 가장 큰 혼란이 왔던 장면이에요. 여러분도 함께 생각해봐요. 허수아비와 양철나무꾼은 둘 다 심장과 뇌가 없어요. 그런데 허수아비는 뇌를 갖고 싶어해요. 그래야 생각을 할 수 있고, 올바른 판단을 할 수 있다고 믿어요. 하지만 양철나무꾼은 심장을 갖고 싶어합니다. 그래야 행복할 수 있다고 믿어요. 양철나무꾼은 원래 사람이었는데 마녀의 저주에 사로잡혀 사랑했던 사람을 더 이상 사랑할 수 없게 되었다고 생각해요. 그래서 뇌보다는 심장을 선택합니다. 마치 MBTI의 T와 F의 선택 같기도 하네요? 여러분은 인생에서 무엇이 더 중요하다고 생각하나요?

여기서 brain이라고 하는 뇌는 지식과 지혜를 뜻해요. 단순 지식만을 탐하는 것이 아니라 허수아비는 지혜도 원하거든요. 양철나무꾼이 원하는 heart는 심장이라고 해석하지만 사실, 감정을 말해요. 사랑하는 마음, 동정심, 배려심 등을 모두 의미하죠. 둘 다 없는 상황에서 하나만 고르라고 하면 어떤 것에 더 가치를 두어야 할지 헷갈리더라고요. 그러면서 새삼 감사했답니다. 우린 심장과 뇌를 모두 갖고 있으니 말이에요. 하지만 두 가지를 이토록 간절히 원하는 캐릭터를 만나고 나니 우리가 이미 갖고 있는 뇌와 심장을 정말 잘 써야겠다는 생각이 들더라고요. 여러분도 많이 배우고, 많이 사랑하세요!

I shall take the heart. Happiness is the best
- -
thing in the world.
- -

- -

- -

오늘의 구문

I shall take the heart. Happiness is <u>the best thing</u> in the world.

'최고의 것'이라는 뜻으로 the best thing을 써요.

가장 좋은 것, 최고의 것을 표현할 때는 최상급을 써요. good의 비교급은 better, 최상급은 best예요. 최상급 뒤에는 범위가 제시되는데, 오늘의 문구에서는 in the world 가 쓰였어요.

● **내 상황에 맞는 문장으로 바꾸기(the best thing 활용)**

예) Experience is <u>the best thing</u> in the world. (경험은 세상에서 가장 좋은 거예요.)

- -

● **AI가 알려주는 '오늘의 문장'과 같은 뜻, 다른 문장으로 바꾸기**

▷ I will take the heart. Joy is the finest thing in life.

▷ I will claim the heart. Joy is the greatest treasure.

▷ I will have the heart. Happiness is the ultimate goal.

● **오늘의 단어** * 오늘 배운 문장에서 어려운 단어가 있다면 정리해보세요.

어쩌면 더 나은 걸
만나기 위함일 수 있어

오늘의 문장

I am now worse off than when I first met Dorothy.

나는 지금 도로시를 처음 만났을 때보다 더 나빠졌어.

#남탓 #사실은 내탓

이 문장은 도로시와 함께 모험을 하던 허수아비가 강 한가운데에서 빠른 유속 때문에 혼자 막대에 매달려 버티는 상황을 맞이한 뒤 도로시를 원망하는 말입니다. 차라리 옥수수 밭에 있을 것을, 괜히 도로시를 따라 나와 이런 상황을 맞이했다는 거죠.

저 역시 지금 원고를 처음 쓰기 시작했을 때보다 더 나빠졌습니다. 바로 몇 시간 전 이미 작성한 원고 중에 절반이 사라졌다는 걸 발견했거든요. 아무래도 태블릿과 PC를 오가며 원고를 쓰다가 파일을 잘못 덮어쓴 것 같아요. 이 사실을 처음 깨달았을 때 저는 몇 시간 동안 태블릿을 붙잡고 씨름을 했어요. 현실부정 단계를 거친 다음 원망에 돌입합니다. 그런데 아무리 생각해봐도 이 잘못을 떠넘길 대상이 없었습니다. 그러자 자책하죠. 그렇게 몇 시간을 허비한 다음에야 현실을 직시했습니다. 이건 제 실수일 뿐이니 그저 제가 책임져야 할 일이었어요. 이후로 수습할 방법을 고민하기 시작했습니다.

우리는 누구나 당황스러운 상황을 맞이할 때 남탓부터 합니다. 그게 가장 손쉽거든요. 그러다 보면 처음부터 그 일을 시작하지 말았어야 했다고 생각하게 됩니다. 그러나 우리는 무언가 시작하기 때문에 성장합니다. 그러니 여전히 도전하고 있는 자신을 격려해주세요. 허수아비도 잠시 저렇게 투덜대지만 계속 도로시와 함께 모험을 하고 결국 오즈의 마법사를 만나 뇌를 얻거든요. 여러분도 계속 도전하면 원하는 것을 얻을 수 있습니다.

I am now worse off than when I first met

- -

Dorothy.

- -

- -

- -

오늘의 구문

I am now worse off than when I first met Dorothy.

worse off than~은 비교급으로 '~보다 더 나쁜'을 의미해요.

worse off는 과거와 비교해 상태나 조건이 더 나빠졌음을 나타내요. 비교급은 항상 비교 대상이나 상황이 필요해서 오늘의 문장에서도 than 이후에 비교되는 시기가 등장해요. now와 when I first met Dorothy는 현재와 과거 시점을 서로 비교하고 있어요.

● 내 상황에 맞는 문장으로 바꾸기(비교급 than 활용)

예) I am now wiser than when I first met her. (나는 지금 그녀를 처음 만났을 때보다 더 현명해졌어.)

- -

● AI가 알려주는 '오늘의 문장'과 같은 뜻, 다른 문장으로 바꾸기

▷ I'm in a worse state now than when I first knew Dorothy.
▷ I'm doing worse now than when I first encountered Dorothy.
▷ I am in a worse situation now than when I first met Dorothy.

● 오늘의 단어 * 오늘 배운 문장에서 어려운 단어가 있다면 정리해보세요.

Day28 용기 있는 세대

오늘의 문장

The true courage is in facing danger when you are afraid.

진정한 용기는 두려움을 느끼면서도 위험에 맞서는 것이죠.

#관계 #우정 #사람 #친구

학교나 회사 같은 곳에서 소속감을 느끼기 좋아하는 것이 인간입니다. 그래서 대입 재수 등을 하거나, 취업 준비가 길어지면 내가 어딘가에 소속되지 못하고 있다는 불안이 생기기도 합니다. 그러다 보니 마음의 안정을 얻으려고 무리를 만듭니다. 친구 혹은 온라인에서 만난 사람, 같은 취미를 가진 사람 등과 함께요. 오죽하면 유발 하라리도 《사피엔스》에서 인간은 스토리를 만드는 것을 시작으로 사회적 유대감을 강화하고 문명까지 발전시켰다고 했을까요. 그러다 보니 우리는 종종 무리에서 불합리한 것을 목격해도 눈감는 경우가 많아요. 학교에서 어떤 아이가 따돌림을 당하는데도 나서기를 꺼리고 회사에서 상사가 부당한 업무 지시를 내려도 쉽게 따지지 못합니다.

그런데 요즘 MZ라고 불리는 세대를 보면, 신선함을 느낍니다. 그들은 다른 사람들의 눈치를 보거나 무리 짓지 않고 혼자 지내는 것에도 익숙합니다. 기성세대는 종종 버릇없다고 생각하는 것 같기도 합니다만 저는 그 친구들이 기성세대에게는 없는 용기가 있는 것 같아요. 부당하다고 느끼는 상황에서 자신의 의견을 제시할 수 있는 것이 진정한 용기라고 생각했거든요. 내 이미지가 어떻게 변할지, 혹시 이 무리에서 이탈하게 되는 것은 아닐지 두려워하며 아무 말도 못하는 것보다 부당한 것은 부당하다고 말해야 발전하니까요. 그래서 저는 우리의 다음 세대가 더 많은 용기를 가진 세대가 될 거라고 믿고 있어요.

The true courage is in facing danger when

you are afraid.

The true courage is <u>in facing</u> danger when you are afraid.

전치사 in 뒤에는 명사나 동명사의 형태가 와요.
전치사 in은 '~안에'라는 뜻으로 뒤에 명사가 주로 옵니다. 하지만 상태나 행동의 방법을 나타낼 때는 동명사가 오기도 해요. in danger라고 하면 '위험 속에'라는 뜻이 되지만 in facing danger라고 하면 '위험에 맞서는'이라는 뜻이 됩니다.

● 내 상황에 맞는 문장으로 바꾸기(전치사구 활용)
예) The true success is <u>in finding</u> inner peace. (진정한 성공은 내면의 평화를 찾는 것이다.)

● AI가 알려주는 '오늘의 문장'과 같은 뜻, 다른 문장으로 바꾸기
▷ Real courage is standing up to danger despite fear.
▷ The essence of courage is confronting danger when afraid.
▷ True courage is dealing with fear when danger is near.

● 오늘의 단어 * 오늘 배운 문장에서 어려운 단어가 있다면 정리해보세요.

Day29 긁지 않은 복권

You've always had the power, you just had to learn it for yourself.

넌 항상 힘을 가지고 있었어, 다만 넌 스스로 그것을 깨달아야 했을 뿐이야.

#항상 있는 것 #깨달음 #잠재력

도로시는 오즈의 마법사를 찾으러 가는 내내 캔자스에 돌아가는 법을 찾고 있었습니다. 오즈의 마법사를 만났음에도 방법을 찾지 못한 도로시는 의기소침해지는데요. 마지막에 북쪽 마녀 글린다에게 돌아갈 수 있는 방법을 듣게 됩니다. 바로 도로시가 신고 있던 구두의 발뒤꿈치를 세 번 부딪히면 되는 것이었죠. 그리고 그 구두는 맨 처음 이 여정을 시작할 때부터 도로시가 신고 있던 신발입니다. 이 문장에서 power는 단순한 힘이라는 의미보다 '잠재력'이라는 의미가 더 강합니다. 어쩌면 우리도 도로시처럼 이미 나에게 열쇠가 있는 것을 두고 다른 곳에서 해답을 찾으려고 하는지도 모릅니다.

지인 중에 아이가 생긴 뒤 집 구조를 바꾸고 싶다는 생각에 셀프로 인테리어를 시작했다가 지금은 어엿한 인테리어 회사의 대표가 된 친구가 있습니다. 지인도 처음엔 전공자도 아닌데 회사를 운영하려니 힘들었다고 합니다. 그러나 일을 할수록 자신이 인테리어에 재능이 있다는 걸 깨달았대요. 어린 시절에는 몰랐던 재능이 아이를 낳고 서른이 넘어 계기를 만난 뒤에야 꽃피게 된 것이죠. 저 역시도 제가 잘하는 분야를 여태 모르다가 40대가 되어서야 뒤늦게 깨닫게 되는 부분들이 있습니다. 그러니 여러분도 자신의 재능을 멀리서 찾지 말고 스스로를 잘 살펴보세요. 여러분 신발장에 도로시의 구두가 이미 잠자고 있을지 누가 아나요? 나 자신과 내 주변부터 관찰하다 보면 잘 몰랐던 여러분의 재능을 깨닫는 순간이 분명 올 겁니다.

You've always had the power, you just had to
_ _
learn it for yourself.
_ _

_ _

_ _

오늘의 구문

You've always had the power, you just had to learn it <u>for</u> <u>yourself</u>.

스스로 한다는 걸 나타낼 때는 'for+재귀대명사'를 써요.

재귀대명사는 인칭대명사 뒤에 -self를 붙여 '~자신'이라는 뜻을 가져요. myself(나 자신), yourself(너 자신) 등. 앞에 붙는 전치사에 따라 의미가 달라지는 데 for yourself는 '너 스스로', by yourself는 '혼자서, 누군가의 도움 없이'라는 의미로 쓰여요.

● 내 상황에 맞는 문장으로 바꾸기(for+재귀대명사 활용)

예) You should set goals <u>for yourself</u>. (너는 스스로 목표를 설정해야 해.)

_ _

● AI가 알려주는 '오늘의 문장'과 같은 뜻, 다른 문장으로 바꾸기

▷ The strength was within you; you just had to realize it.

▷ You always had it in you; you just needed to figure it out.

▷ The power was always within you; you just had to find it yourself.

● 오늘의 단어 * 오늘 배운 문장에서 어려운 단어가 있다면 정리해보세요.

Day30 있을 때 잘해

Now I know I've got a heart, because it's breaking.

이제 나는 내가 마음을 가졌다는 것을 알아요. 왜냐하면 그것이 부서지고 있으니까요.

#아픔이 존재를 증명한다

예전에 감기에 걸려서 기침을 꽤 심하게 오래 했어요. 그리고 그 감기가 끝나자 어깨, 쇄골, 등 갈비뼈 쪽이 아픈 거예요. 영 차도가 없어서 정형외과에 가서 엑스레이를 찍어봤어요. 그랬더니 갈비뼈가 두 대나 부러졌더라고요. 원인은 기침이었습니다. 사실 갈비뼈가 부러졌다는 사실을 알기 전까지는 주변 근육이 당기고 아픈 게 단순 근육통이라고 생각해서 평소처럼 움직였어요. 그런데 갈비뼈가 원인이라는 사실을 알고 나니 의사의 말에 귀를 기울이게 되더라고요. 무거운 건 절대 들면 안 되고, 오른쪽 팔에 무리가 가는 행동을 해서는 안 된다는 걸요.

여러분은 평소에 갈비뼈의 소중함을 알고 계셨나요? 우리 몸을 지탱해주는 크고 중요한 뼈 중에 하나인데, 저는 허리나 다른 관절에 비해 소홀히 대하고 있었어요. 게다가 갈비뼈는 심장을 포함한 주요 장기를 모두 보호해주고 있는 뼈잖아요. 그런데 우리는 이렇게 묵묵하게 우리 곁에 있어 주는 것들을 참 자주 잊어요. 아파야 비로소 알게 되고요. 위 문장은 심장을 얻게 된 양철나무꾼이 도로시와 헤어지면서 비로소 헤어짐의 아픔을 느낄 때 한 말이에요. 우리는 어떤 것을 잃거나 놓쳤을 때 비로소 그것의 소중함을 깨닫는 것 같아요. 그러니 우리 마음이 부서지고, 무너질 만큼 아프기 전에 미리미리 내 소중한 주변을 돌보자고요.

Now I know I've got a heart, because it's

breaking.

Now I know I've got a heart, <u>because</u> it's breaking.

이유를 나타내는 접속사 because를 활용해요.

접속사 because는 '왜냐하면 ~때문이다'이라는 뜻으로 일의 원인을 설명하는 구문이에요. 'because+
문장'은 접속사로 'because of+명사'는 전치사로 쓰인 거예요

● **내 상황에 맞는 문장으로 바꾸기(because 활용)**
예) Now I know I'm loved, <u>because</u> they show it every day. (이제 나는 사랑
받고 있다는 걸 알아요, 왜냐하면 그들이 그것을 매일 보여주고 있으니까요.)

● **AI가 알려주는 '오늘의 문장'과 같은 뜻, 다른 문장으로 바꾸기**
▷ I know I have a heart now, because it's in pain.
▷ I feel my heart now, as it's breaking.
▷ Now I understand I have a heart, since it's hurting.

● **오늘의 단어** * 오늘 배운 문장에서 어려운 단어가 있다면 정리해보세요.

⟨The red rose⟩ by 엘리자베스 블랙웰

Chapter 04

어린 왕자

The Little Prince

- 앙투안 드 생텍쥐페리

눈으로 놓치는 것들

오늘의 문장

What is essential is invisible to the eye.

중요한 것은 눈에 보이지 않아.

#보이지 않아도 알아요

〈어린 왕자〉에서는 여우와 장미 이야기를 빼놓을 수 없습니다. 어린 왕자는 여우를 만났을 때 자신의 별에 있는 장미 이야기를 꺼내면서 여기 지구에 있는 수많은 장미와 자신이 키우는 장미는 다르다고 하죠. 그러자 여우가 '중요한 것은 눈에 보이지 않는 법'이라고 합니다. 즉, 눈에 보이는 장미의 겉모습이 같다고 해서 다 같은 장미가 아니라는 거죠. 어린 왕자가 장미를 좋아하는 이유 역시 자신이 애정을 쏟은 대상이었기 때문이라고 말합니다. 이처럼 보이지 않는 것이 보이는 것보다 더 소중하고 가치 있을 수도 있다는 것에 사람들도 동의할 겁니다. 그런데도 우리는 왜 눈에 보이는, 가시적 성과에 그토록 매달리는 걸까요? 어릴 때 친구의 마론 인형이 탐났던 저는 어른이 되고 친구의 명품 가방을 부럽게 쳐다보고 있었습니다. 엄마가 되니 제 아이보다 옆집 아이의 성적이 더 눈에 들어오고, 옆집 부부의 연봉이 얼마인지가 궁금해졌어요. 우리는 한낱 인간이라 내면의 것이 더 가치 있다는 것을 머리로는 알지만, 당장 보이는 것에 시간을 더 많이 쏟곤 하죠. 하지만 궁극적으로는 깨달아야 합니다. 우리가 끝까지 지켜내야 하는 단 하나의 가치는 반짝거리는 물건이 아니라, 고유의 정체성입니다. 우리는 신기하게도 내면이 자기 자신으로 가득 찬 사람을 만나면 누구라도 단박에 알아차립니다. 명품을 들지 않고, 좋은 차를 타지 않아도 빛나는 사람이라는 것을요.

What is essential is invisible to the eye.

오늘의 구문

What is essential is invisible to the eye.

관계대명사 what은 '~하는 것'으로 해석해요.

관계대명사 what을 쓰면 '~하는 것'이란 의미로 쓰입니다. What is essential(중요한 것), What is beautiful(아름다운 것)처럼요. 관계대명사 what절은 주어, 보어, 목적어 자리에 모두 쓰일 수 있어요.

● 내 상황에 맞는 문장으로 바꾸기(관계대명사 what 활용)

예) What is simple is often the best. (단순한 것이 때로는 가장 최선이다.)

● AI가 알려주는 '오늘의 문장'과 같은 뜻, 다른 문장으로 바꾸기
▷ Important things aren't always visible.
▷ What truly matters is invisible to the eyes.
▷ The real value is not seen with the eyes.

● 오늘의 단어 * 오늘 배운 문장에서 어려운 단어가 있다면 정리해보세요.

Day32

지나간 뒤에 깨닫는 것

오늘의 문장

I was too young to know how to love her.

그때 나는 너무 어려서 그 꽃을 사랑할 줄 몰랐던 거야.

#미숙함 #실수 #후회 #첫사랑

사랑의 종류는 부모님의 사랑, 형제자매간의 사랑, 연인과의 사랑 등 다양합니다. 어린 왕자는 장미꽃에 대한 애착이 누구보다 많았어요. 그런데 너무 어려서 그 꽃을 사랑할 줄 몰랐던 시절이 있었습니다. 이 문장에서 her는 장미꽃을 가리키는 표현이에요. 저도 어릴 때는 부모님의 사랑을 간섭과 잔소리라고 치부했었죠. 막상 제가 부모가 되니 그 무한했던 내리사랑에 치기 어린마음으로 대들었던 기억에 얼굴이 빨개집니다. 많은 사람들은 첫사랑이 이루어지기 어려운 이유도 그 사랑의 미숙함에서 찾습니다. 너무 어린 시절이니사랑을 과하게 주기도 하고 너무 많이 받고 싶어 하기도 합니다. 자신의 감정표현에 서툴러 본의 아니게 상처를 주기도 해요. 그 실수를 통해 사랑은 단순히 나의 감정을 표출하는 것이 아니라 서로 감정을 공유하는 것이란 사실을깨닫게 되죠. 사랑에는 이해와 배려, 책임이라는 게 따른다는 사실을 저도 나이를 먹고야 알게 되었어요. 우리가 부모님의 사랑에 종종 상처 받았던 이유도 부모님의 사랑은 너무 크지만 주는 방법을 모르셨기 때문인 것 같다고 이해하게 되었습니다. 어린 왕자도 장미꽃을 떠나온 뒤에야 깨달은 것처럼 우리 역시 지나간 사랑의 자리를 보면서 미숙한 나의 모습을 깨닫게 됩니다. 그렇다고 부족했던 것을 너무 부끄럽게만 생각하지 마세요. 여러분은 그 실수를 바탕으로 앞으로는 더 성숙한 사랑을 주고받으면 되니까요.

I was too young to know how to love her.

_____

_____

오늘의 구문

I was too young to know <u>how to</u> love her.

'~하는 법'을 설명하고 싶을 때는 how to 구문을 써요.

too ~to 용법은 앞에서 설명했어요. '너무~해서 …하지 않다'라고 해석하면 되지요. 이 문장에서 동사 know 뒤에 how to 구문이 나와요. '~하는 방법'이라는 뜻으로 know how to love her는 '그녀를 사랑하는 방법을 안다'라는 의미가 됩니다. 명사 형태로 know-how(노하우)라는 말도 종종 사용합니다.

● **내 상황에 맞는 문장으로 바꾸기(how to 활용)**

예) He doesn't know <u>how to</u> swim. (그는 수영하는 방법을 모른다.)

_____

● **AI가 알려주는 '오늘의 문장'과 같은 뜻, 다른 문장으로 바꾸기**

▷ I was too young to understand how to love her.
▷ I was too immature to know how to care for her.
▷ I was too young to realize how to love her.

● **오늘의 단어** *오늘 배운 문장에서 어려운 단어가 있다면 정리해보세요.

Day33

'아' 다르고 '어' 다른 말

오늘의 문장

Words are the source of misunderstandings.
말이란 원래 오해의 근본이니까.

#말 #오해 #소통 #불통

'말'을 네이버 한영사전에서 찾아보면 'word, language, speech' 등 다양한 단어가 있다는 사실을 알게 됩니다. 우리말로도 '말, 이야기, 언어' 등 다양하게 표현하기도 하죠. '말'은 사람들이 소통하기 위해 만든 도구인데 오히려 그 때문에 불통의 원인이 되기도 하는 아이러니가 있습니다.

"말을 해야 알지?"라는 말처럼 누군가가 표현을 해야 다른 사람의 마음을 알 수 있습니다. 반면에 우리의 복잡한 감정을 완벽하게 말로 표현하기 어려울 때도 있습니다. 모두가 언어를 매우 적확하게 쓸 수 있는 능력을 가지고 있는 것은 아니기 때문입니다.

속담에 '아 다르고, 어 다르다'라는 말이 있는 것처럼 같은 말을 하더라도 어감이나, 말투의 차이로 기분이 좋아지기도, 나빠지기도 합니다. 개인적으로 저는 꽤 직설적이고, 하고 싶은 말은 가능하면 다 하려고 합니다. 나이가 들면서 그 강도가 조금 줄어들었을 뿐 여전히 저는 제 감정이 전달될 수 있도록 말합니다. 하지만 남편은 반대입니다. 늘 상대방의 기분이 상하지 않는 선에서 말하려고 합니다. 상대를 존중하는 마음 때문이란 것은 알지만 함께 살다 보니 그게 꼭 좋은 것만은 아니었습니다. 기분이 상하지는 않지만 상대방의 의중을 파악하기 어렵게 되면서 오히려 오해가 더 쌓이는 경우도 있거든요. 그래서 말은 참 어려운 것 같습니다. 솔직하게 말해도, 배려하면서 말해도 종종 오해를 불러오니까요. 하지만 그것을 해결할 수 있는 방법이 대화밖에 없다는 점도 참 재미있는 것 같습니다.

Words are the source of misunderstandings.

_____

오늘의 구문

Words are the source of misunderstandings.

명사의 종류와 형태를 어떻게 쓰느냐에 따라 의미가 달라질 수 있어요.

오늘의 문장에서 word는 셀 수 있는 명사인데요. a word나 the word로 쓰지 않고 words라고 쓴 이유는 '한 마디 말', '그 말'처럼 특정한 한 마디가 아니라 '말'이라는 본질적인 의미를 나타내고 싶었기 때문입니다. misunderstanding도 셀 수 있는 명사이며 여기서는 하나의 오해가 아닌 여러 오해들, 다양한 오해들을 나타내는 복수형이 알맞습니다.

● 내 상황에 맞는 문장으로 바꾸기(명사의 단·복수 활용)

예) Mistakes are the teachers of wisdom. (실수들은 지혜의 스승이다.)

_____

● AI가 알려주는 '오늘의 문장'과 같은 뜻, 다른 문장으로 바꾸기

▷ Misunderstandings often come from words.
▷ Words can cause misunderstandings.
▷ Words are often the reason for misunderstandings.

● 오늘의 단어 * 오늘 배운 문장에서 어려운 단어가 있다면 정리해보세요.

 풍요 속 빈곤

오늘의 문장

It is also lonely among men.

사람들이 있는 곳도 쓸쓸하기는 마찬가지야.

#관계 #사람 #모임 #공허함

저는 정기적으로 혹은 비정기적으로 만나는 모임이 꽤 많았어요. 그러다 보면 어느 순간 내키지 않는 모임도 생기기 마련이었죠. 은근슬쩍 둘러대며 그 모임에 자주 불참하던 어느 날, 한 명이 제게 쏘아 붙였어요. "네가 그렇게 바빠? 자주 보지도 못하는데, 와서도 그렇게 금방 가?" 사실 제게 쏘아붙인 바로 그 사람 때문에 피했었거든요. 그래서 전 코로나를 핑계로 그 모임을 가장 먼저 그만두었습니다. 지금은 시간을 내어 나가는 모임이 2~3개 정도예요. 제가 공들여 참석하는 모임의 성격은 꽤 분명합니다. 구성원들 중에 제가 닮고 싶은 태도나 배우고 싶은 점을 가진 사람이 꼭 있습니다. 오늘 그 사람은 어떤 모습으로 나타나 어떤 태도로 사람을 대할지 궁금해져요. 하지만 그렇지 않은 모임에서는 많은 사람들과 함께 시간을 보내고 있어도 쓸쓸했던 기억이 꽤 있습니다.

이게 바로 뱀의 통찰력 아니었을까요? 어린 왕자가 뱀에게 사람이 보이지 않는다며 사막에 있는 건 조금은 외롭다고 했더니 뱀이 어린 왕자에게 한 말이거든요. 사람이 북적북적 하더라도 모두가 나의 마음을 채워주는 건 아니라는 점을 말하고 싶었던 것 같아요. 그러니 여러 사람들 속에서 외로움을 채우려 하기 보다는 현재 여러분에게 영감을 주고 함께 즐거운 시간을 보내는 사람들을 고맙게 여겨 좋은 관계를 유지하려고 노력하는 게 더 좋을 것 같습니다.

오늘의 문장 따라 쓰기

It is also lonely among men.
- -

- -

오늘의 구문

It is also lonely <u>among</u> men.

셋 이상일 때 '~사이에'는 among으로 표현할 수 있어요.

전치사 between이나 among은 '~사이에'란 뜻입니다. 다만 둘 사이에 있을 때는 between A and B 형태로 셋 이상의 사람이나 사물 사이에 있을 때는 among을 쓰면 됩니다. among people(사람들 사이에) 처럼요.

● 내 상황에 맞는 문장으로 바꾸기(among 활용)

예) It is also stressful <u>among</u> coworkers. (동료들 사이에서도 스트레스 받을 수 있어.)

- -

● AI가 알려주는 '오늘의 문장'과 같은 뜻, 다른 문장으로 바꾸기

▷ It's lonely, even when surrounded by people.

▷ Sometimes, it's lonely even when you're with people.

▷ You can be lonely even in a crowd.

● 오늘의 단어 * 오늘 배운 문장에서 어려운 단어가 있다면 정리해보세요.

Day35 길들여진 관계

오늘의 문장

If you tame me, then we shall need each other.

네가 나를 길들인다면 우리는 서로 필요한 존재가 되는 거야.

#친밀함 #길들임

〈어린 왕자〉를 안 읽어본 사람도 이 대사는 모두 알 겁니다. 여우가 어린 왕자에게 한 말로 인간관계의 본질을 꿰뚫고 있습니다. 영어로 tame, 우리말로 '길들이다'로 번역된 이 말은 사실 누군가를 통제하거나 지배한다는 의미로 쓰인 것은 아닙니다. 여우가 길들여달라고 한 말의 의미는 자신을 속박해달라기 보다 잠시 스쳐 지나가는 인연으로 끝나기는 싫다는 의미처럼 받아들여집니다.

인간은 관계 속에서 돈독해집니다. 저와 제 딸의 사춘기만 보아도 '단짝, 절친'이라는 것에 많은 의미를 부여하곤 합니다. 왜 그렇게 무리를 짓고, 경계를 나누고, 친한 사이를 가르려고 했을까요? 저는 나중에 〈어린 왕자〉를 다시 읽었을 때 그 의미를 제대로 이해하게 되었습니다. 같은 반 아이들 모두가 저에게 동일한 의미의 '친구'가 아니었던 거죠. 제 비밀 이야기, 깊은 고민이나 걱정을 털어놓을 수 있는 친구는 저에게 길들여진, 저 또한 그 친구에게 길들여진 사이라는 걸 깨달았습니다. 우리는 서로가 친하다는 증거를 끊임없이 찾고, 함께 삶의 가치를 찾아가는 사이가 되고 싶어 합니다. 서로를 필요로 하는 관계는 우리에게 안정감과 소속감을 주기 때문이죠. 그래서 누군가를 길들이거나 누군가에게 길들여진다는 건 서로 많은 시간과 경험을 공유해야 하고 좋은 관계를 맺기 위해 스스로도 좋은 친구가 되어 주려는 노력을 해야 한다는 의미입니다.

If you tame me, then we shall need each other.

오늘의 구문

If you tame me, then we shall need each other.

가정법 if가 아닌 조건절 if는 이런 차이가 있어요.

'If+과거 시제'는 가정법 과거로 현실의 반대나 이루어질 수 없는 일을 가정하지만 'if+현재 시제' 형태는 조건절로 쓰입니다. 조건절은 어떤 조건이 성립하면 특정한 결과가 나타난다고 말할 때 씁니다. '네가 나를 길들이는' 조건이 성립되어야 '서로에게 필요한 존재가 된다'라는 결과를 낳는 거죠. 형태상 시제만 달라 보이지만 의미가 이렇게 다르다는 걸 기억해둡시다.

● 내 상황에 맞는 문장으로 바꾸기(조건절 if 활용)

예) If you leave me, then we shall forget each other. (네가 나를 떠난다면 우리는 서로 잊게 될 거야.)

● AI가 알려주는 '오늘의 문장'과 같은 뜻, 다른 문장으로 바꾸기

▷ If you tame me, we will be important to each other.

▷ When you tame me, we'll both need each other.

▷ If you bond with me, we will rely on each other.

● 오늘의 단어 * 오늘 배운 문장에서 어려운 단어가 있다면 정리해보세요.

누구 말을 믿어야 할까?

오늘의 문장

I ought to have judged by deeds and not by words.

그 꽃이 하는 말이 아니라 행동을 보고 판단해야 했어.

#신뢰 #말과 행동

어린 왕자는 장미꽃이 자신에게 했던 말보다 행동을 돌이켜보며 장미꽃이 자신을 아끼고 있음을 깨닫게 됩니다. 사람 관계도 마찬가지예요. 말보다 행동이 앞서는 사람이 있어요. 사실 말이 앞서는 것 자체가 나쁜 것은 아닙니다. 다만, 문제는 그 사람의 말과 행동이 일치하지 않을 때 생기죠. 예전에 협업을 할 일이 있었는데, 그분이 평소에 하시는 말씀이나 보여지는 모습으로는 자신의 일에 최선을 다하는 것처럼 보였습니다. 그래서 그분과의 협업이 굉장히 기대되었죠. 하지만 뚜껑을 열어보고 너무 실망스러웠어요. 물론 타인과 협업을 할 때 종종 겪는 일이기는 하지만 제가 만난 사람 중에 가장 힘들었던 케이스였어요. 콘텐츠 면에서도 몹시 부실했고, 그 프로젝트를 이어나가는 내내 행정적인 부분도 프로답지 못했어요. 인간적으로 좋은 사람이라고 생각했지만 자신의 일에 대해 말로 때우려는 모습에 거리를 두게 된 경험이 있습니다. 반대로 평소에 살가운 성격도 아니고, 말이 많은 편도 아니지만, 자신의 일에는 누구보다 철저한 사람들이 있어요. 그런 사람들과 일을 하면 나에게 조금 차갑게 대하는 게 기분이 나쁘다기보다는 자신의 일에 몰두하다 보니 덜 친절해질 수 있겠다고 이해가 되기도 합니다. 우리는 늘 나 자신을 잘 안다고 생각하지만 타인을 통해 배우고, 깨닫는 시간이 더 많은 것 같아요. 저부터 말이 아닌 행동으로 보여주는 삶을 살고 싶습니다.

I ought to have judged by deeds and not by

words.

오늘의 구문

I <u>ought to</u> have judged by deeds and not by words.

ought to는 '~해야 했다'라는 의미를 나타낼 때 써요.

조동사 ought to는 의무나 필요를 나타내는 '~해야 했다'라는 의미로 사용되었습니다. ought to는 should, had better나 must, have to 등으로 바꿔 쓸 수도 있어요. have judged는 완료형으로 과거에 이미 판단했어야 한다는 뜻입니다.

* deed 행동

● 내 상황에 맞는 문장으로 바꾸기(ought to 활용)

예) I ought to have apologized and not stayed silent. (나는 침묵하지 말고 사과를 했어야 했어.)

● AI가 알려주는 '오늘의 문장'과 같은 뜻, 다른 문장으로 바꾸기

▷ I should have judged by actions, not by words.
▷ I should have trusted actions, not promises.
▷ I ought to have believed in actions, not in words.

● 오늘의 단어 * 오늘 배운 문장에서 어려운 단어가 있다면 정리해보세요.

Day37 너 T야?

오늘의 문장

All grown-ups were once children... but only few of them remember it.

어른들도 한 때에는 어린이였어요... 하지만 그 중 몇몇만 그것을 기억하고 있어요.

#공감 #동정적 #이해

10대 때 청소년 필독서 목록을 보고 〈어린 왕자〉를 처음 읽었어요. 영문과를 다니던 20대 대학 시절 원서로 다시 읽을 때는 내용은 이해했지만 모르는 영단어를 찾느라 숨은 뜻을 음미해볼 시간이 없었고요. 아이를 낳아 키우던 30대의 어느 날 도서관에서 우연히 다시 만난 〈어린 왕자〉에서 위의 문장을 보게 되었습니다. 그때까지만 해도 "그래, 맞아. 나도 어른이지만 왜 어른들은 예전을 기억하지 못할까?"라며 한심한 일부 어른들의 이야기라고 치부했었죠. 그런데 그건 저의 오만이었어요. 저는 굉장히 미숙한 어른이었고, 그 상태로 제 아이를 바라보고 있었다는 걸 깨달았습니다. 우리는 요즘 많은 사람들이 이야기하는 empathy(공감)에 대해 생각해 볼 필요가 있어요. MBTI 유형을 나누며 "너 T야?"라는 질문이 유행하는 이유는 상대에게 공감을 받고 싶어하는 현대인들의 심리를 잘 드러낸 표현이죠. empathy와 sympathy는 언뜻 '공감'이라는 같은 의미의 어휘같지만 sympathy는 동정하는 마음에 더 가까워요. 즉, 내가 상대방의 감정을 이해하고 도움을 주고자 하지만, 자신이 그 감정에 이입을 하지는 않는 상태를 말하죠. 어른들이 아이를 바라볼 때는 좀 더 동정적인 마음으로 바라보는 것 같아요. 그래서 어린 왕자가 이상하다고 생각한 게 아닐까요? 그 시간을 다 겪어보고, 지나왔으면서 그때의 감정으로 이입하지 못하고, 어린이의 마음을 헤아리지 못하는 걸까 하고요.

All grown-ups were once children... but only

----

few of them remember it.

오늘의 구문

All grown-ups were once children... but <u>only few of them</u> remember it.

'그들 중의 단지 몇 명만'이라는 표현을 하고 싶다면 이렇게 써보세요.

a few는 '약간의, 몇몇의(=some)'라는 뜻을 가진 형용사로 셀 수 있는 명사를 꾸밀 때만 써요. 셀 수 없는 명사를 꾸밀 때는 a little을 쓰지요. a few보다 더 적은, 아주 소수의 인원일 때 only few를 써요. few는 '거의 없다'라는 뜻입니다.

● **내 상황에 맞는 문장으로 바꾸기(few 활용)**

예) All grown-ups have dreams, but <u>only few of them</u> pursue them. (모든 어른들은 꿈을 가지고 있지만, 그들 중 소수만이 그 꿈을 추구한다.)

● **AI가 알려주는 '오늘의 문장'과 같은 뜻, 다른 문장으로 바꾸기**

▷ Every adult was once a child, but not many remember it.
▷ All adults were children at one time, but few still remember.
▷ All grown-ups were kids once, but only some remember that time.

● **오늘의 단어** * 오늘 배운 문장에서 어려운 단어가 있다면 정리해보세요.

Day38 주변의 온통 향기로운 것들

오늘의 문장

Mine perfumed all my planet. But I did not know how to take pleasure in all her grace.

내 꽃은 내 별을 온통 향기롭게 해주었지만, 나는 그녀의 친절을 즐길 줄 몰랐어.

#소소한 행복 #일상 #감사

어린 왕자는 하루에도 수십 번 태양이 뜨고 지는 걸 볼 수 있을 만큼 작은 별에 살고 있어요. 그리고 그 작은 별에 함께 살고 있는 장미꽃은 작은 별을 가득 채울 정도의 향기를 내뿜고 있었죠. 그런데 당사자인 어린 왕자는 향기의 소중함을 느끼지 못하고 있었습니다. 이 소소하지만 귀중한 존재의 중요성을 지구별을 방문하고 나서야 비로소 깨닫게 됩니다. 우리도 늘 그렇습니다. 당장 눈 앞에 놓인 소중한 것은 놓치고 보이지 않는 미지의 어딘가에 더 좋은 것이 있다고 여기곤 하죠. 하지만 우리는 일상에서 만나는 나의 소중한 사람들이 내게 어떤 온기를 불어넣어 주는지는 정작 잊고 있어요. "내 꽃은 내 별을 온통 향기롭게 해주었지만, 나는 그녀의 친절을 즐길 줄 몰랐어"라는 말은 우리에게 소중한 것을 온전히 이해하고 감사하라는 교훈을 줍니다. 또한 친절을 잘 받을 줄 아는 태도 역시 중요하다는 것도 짚어주고 있어요. 그러니 가장 가까운 사람들에게 따뜻한 말보다 가시 돋힌 말을 내뱉지는 않았는지, 밖에서 다른 이에게 받은 상처를 가까운 사람들에게 털어내지는 않았는지 돌아봐야 합니다. 그리고 타인의 친절을 무심히 지나치진 않았는지 생각해야 해요. 오늘 하루는 소소한 내 하루 일상에 감사하고, 내 주변 사람들에게 감사의 따뜻한 인사를 건네보는 게 어떨까요?

Mine perfumed all my planet. But I did not
know how to take pleasure in all her grace.

오늘의 구문

Mine perfumed all my planet. But I did not know how to
take pleasure in all her grace.

'나의 것', '너의 것'이라고 표현할 때는 소유대명사를 써요.
소유격은 '누구의~'로 해석하고 '소유격+명사'를 한 단어로 표현한 것을 소유대명사라고 합니다.
mine(나의 것), yours(너의 것), ours(우리의 것), theirs(그들의 것), his(그의 것), hers(그녀의 것), its(그것의)와
같이 씁니다.

● 내 상황에 맞는 문장으로 바꾸기(소유대명사 활용)
예) The responsibility is yours, not mine. (그 책임은 네 것이고, 내 것이 아니야.)

● AI가 알려주는 '오늘의 문장'과 같은 뜻, 다른 문장으로 바꾸기
▷ She made my life beautiful, but I didn't realize it at the time.
▷ My world was filled with her grace, but I didn't know how to enjoy it.
▷ My life was full of her grace, but I didn't know how to appreciate it.

● 오늘의 단어 * 오늘 배운 문장에서 어려운 단어가 있다면 정리해보세요.

Day39 거울이 필요해

오늘의 문장

If you succeed in judging yourself rightly,
then you are indeed a man of true wisdom.
그대가 자신을 공정하게 판단할 수 있다면 그대는 정말 현명한 사람이다.
#잘못 인정 #개선

어린 왕자가 어느 소행성에 도착했을 때 그 소행성의 왕에게 어린 왕자가 요청해요. 자신을 심판할 수 있게 해달라고. 그때 나온 대사입니다. 그런데 모순적이게도 그 왕은 전 우주의 통치자라고 주장하는 자기 자신을 스스로 잘 모르는 사람이었다는 거예요. 동서양을 막론하고 철학책을 읽고 있으면 어느 시대의 어느 철학자이든 공통으로 하는 말이 있습니다. 바로 자기 자신을 알라는 말이요. 소크라테스는 "너 자신을 알라"라고 했고, 공자는 "잘못을 저지르고 고치지 않는 것, 이것이 진짜 잘못이다"라는 말로 표현했습니다. 즉, 우리는 모두 자신을 객관적으로 바라보고, 잘못을 인정하며, 새로운 방향으로 개선해 나가야 합니다. 하지만 자신을 공정하게 바라보는 것은 누구에게나 쉽지 않은 일이죠. 대부분은 인정보다 변명을 택합니다. 그러니 정말 현명한 사람이 되기 위한 첫 걸음은 바로 나 자신을 인정하는 일입니다. 어쩌면 가장 큰 용기가 필요한 일일 테니까요. 회사를 다닐 때 저를 정말 힘들게 했던 후배가 한 명 있었는데요. 그 친구가 대체로 업무가 미숙한 건 사실이었지만 지금 돌이켜보면 정말 문제인가 싶은 부분을 제가 문제 삼았던 적도 있습니다. 이 또한 시간이 지나 인정하게 되긴 했지만, 그때는 당시의 저를 돌아보고 공정하게 판단할 수 있는 용기 같은 건 없었던 것 같아요. 그러므로 현명한 사람이 되기 위해서는 우선 나를 제대로 보기 위한 용기부터 갖는 게 필요합니다.

If you succeed in judging yourself rightly,
\- \-
then you are indeed a man of true wisdom.
\- \-

\- \-

\- \-

오늘의 구문

If you succeed in judging <u>yourself</u> rightly, then you are indeed a man of true wisdom.

'자기 자신'이라는 표현을 하고 싶을 때는 '-self'를 붙여 재귀대명사를 쓸 수 있어요.
재귀대명사란 행위의 주체가 자신에게 돌아오는 것을 의미하는 대명사로 '자기 자신', '너 자신' 등으로 해석합니다. myself(자기 자신), yourself(너 자신), himself(그 자신), herself(그녀 자신), themselves(그들 자신), ourselves(우리 자신), itself(그것 자체)로 표현해요.

● **내 상황에 맞는 문장으로 바꾸기**
예) She taught <u>herself</u> how to play the piano. (그녀는 스스로 피아노를 배웠다.)

\- \-

● **AI가 알려주는 '오늘의 문장'과 같은 뜻, 다른 문장으로 바꾸기**
▷ If you judge yourself rightly, then you are truly wise.
▷ If you know how to judge yourself well, then you are wise.
▷ If you understand yourself well, you are truly wise.

● **오늘의 단어** * 오늘 배운 문장에서 어려운 단어가 있다면 정리해보세요.

견뎌야 하는 것들의 무게

오늘의 문장

I must endure the presence of two or three caterpillars if I wish to become acquainted with the butterflies.

나비와 친해지려면 두세 마리의 벌레쯤은 참고 견뎌야 돼.

#왕관의무게 #악플 #쓴소리 #유명세 #인내

장미는 소행성을 떠나려는 어린 왕자에게 더 이상 유리 덮개로 보호해줄 필요 없다고 말합니다. 어린 왕자 없는 소행성에서 외롭지 않도록 나비와 친해지려면 벌레 정도는 견뎌야 한다는 의미로 한 말입니다. 성취에 도달하기 위해서는 역경이 필수 코스 같아 보여요. 그만큼 성공이나 성장은 꾸준한 노력과 인내가 뒷받침 되어야 하니까요.

그런데 자기 자식만은 어떤 역경도, 실패도 없이 한 번에 성공가도를 달리게 해주고 싶은 부모들이 많지요. 요즘 부모, 옛날 부모 할 것 없이 힘든 일, 어려운 일은 부모가 대신 해주려는 경향이 있습니다. 하지만 안타깝게도 끝까지 대신해줄 수 없다는 것이 인생의 진리입니다. 어려움도, 실패도 모두 스스로 이겨내고 겪어야 마침내 원하는 것을 이룰 수 있습니다. 만약, 재력이나 권력으로 부모가 막아준다 한들 인생의 무게를 이겨내는 힘까지 기르게 해줄 수 없으니 결국 자식에게 좋은 방법은 아닙니다. 사실 이건 여러분이 스스로를 대할 때도 마찬가지예요. 인생의 벌레들을 두려워하지 않고, 그들을 극복하고 나비를 만나는 성취를 스스로 이루기를 바랍니다. 그런 경험이 자신의 인생을 더욱 풍요롭게 만들기 때문입니다.

I must endure the presence of two or three
caterpillars if I wish to become acquainted
with the butterflies.

오늘의 구문

I <u>must</u> endure the presence of two or three caterpillars if I wish to <u>become acquainted with</u> the butterflies.

조동사 must는 '~을 해야 한다'라는 의무를 표현하고 싶을 때 자주 쓰는 표현입니다.
endure는 '참다, 견디다'란 동사로 must와 함께 써서 참아야 하는 의무, 당위를 표현합니다. become acquainted with는 '~와 친해지다'라는 의미의 표현이에요.

● 내 상황에 맞는 문장으로 바꾸기(조동사 must 활용)
예) I <u>must</u> save money if I wish to buy a new car. (새 차를 사고 싶다면 돈을 모아야 한다.)

● AI가 알려주는 '오늘의 문장'과 같은 뜻, 다른 문장으로 바꾸기
▷ I must face some difficulties if I want to enjoy the rewards.
▷ If I want to enjoy the beauty, I must endure some hardships.
▷ To get to the good parts, I have to go through the tough times.

● 오늘의 단어 * 오늘 배운 문장에서 어려운 단어가 있다면 정리해보세요.

⟨Field and Mill at Osny⟩ by 카미유 피사로

빨강머리 앤

Anne of Green Gables

- 루시 모드 몽고메리

 **365일 총천연색**

오늘의 문장

I'm so glad I live in a world where there are Octobers.

10월이 있는 세상에 살고 있어서 정말 기뻐.

#계절 느끼기 #책임감

빨강머리 앤만큼 상상력이 풍부하고, 긍정적인 캐릭터를 본 적이 없어요. 소설 속에서 앤은 사실 입양 기관의 실수 때문에 잘못 보내진 아이였지요. 하지만 앤을 데리고 오는 마차 안에서 앤의 낙천적인 태도와 입담에 매튜는 매료되고 맙니다. 결국 앤은 마릴라와 매튜 남매의 집으로 입양 오게 돼요. 이런 긍정의 캐릭터 앤에게는 10월만이 세상을 사는 기쁨은 아닐 겁니다. 1년 365일이 아름답고 행복한 아이가 바로 앤이지요. 아침에 눈을 뜨면 집 앞 정원에 핀 꽃이 아름답고, 저녁에는 석양이 아름답다는 아이입니다. 저는 언제 이런 시절이 있었을까 가만히 떠올려봅니다. 정확하게 기억이 나지는 않지만 아침에 눈을 뜨는 게 어느 순간 고되게 느껴지는 시기가 있었어요. 그건 공부를 엄청나게 해야 했던 중고등학생 시절 보단 오히려 제가 어른이 되고부터였던 것 같아요. 찬란한 총천연색의 세상이 하나 둘씩 색을 잃고 무채색이 되어버린 것도 어른이 되던 순간이었던 것 같고요. 어른이 된다는 건 물리적으로 나이를 먹는다는 것만이 아닌 것 같아요. 책임감과 의무감을 느끼게 되는 순간이 아닐까요? 그렇게 어른이 되어버리면 더 이상 자연의 변화 따위엔 관심이 없어지고 하루하루가 똑같다고 느껴집니다. 그래서 아마 앤이 10월임을 알아차린다는 사실 자체가 아직 계절의 변화를 느끼며 동심의 세계에 있다는 걸 표현하는 것 같아요. 앤처럼 풍경을 감상하고 계절의 냄새를 맡으며 기쁨을 느끼는 어른이 되어보면 좋겠네요.

I'm so glad I live in a world where there are
Octobers.

☞

오늘의 구문

I'm so glad I live in a world <u>where</u> there are Octobers.

관계부사 where는 주로 장소를 나타내는 명사와 함께 써요.
관계부사 where는 '~하는 곳', '~하는 장소'로 해석해요. where 앞에 선행사 in a world를 수식하는 데
쓰이며 종속절에서 장소를 나타내는 역할을 해요.

● 내 상황에 맞는 문장으로 바꾸기(관계부사 where 활용)
예) I'm so glad I live in a world <u>where</u> there are mountains. (산이 있는 세
상에 살고 있어서 정말 기뻐.)

☞

● AI가 알려주는 '오늘의 문장'과 같은 뜻, 다른 문장으로 바꾸기
▷ I'm grateful to live in a world where there's October.
▷ It makes me happy to live in a world with October.
▷ I feel lucky to live in a world that has Octobers.

● 오늘의 단어 * 오늘 배운 문장에서 어려운 단어가 있다면 정리해보세요.

Day42 매일 새로운 날

오늘의 문장

Tomorrow is a new day with no mistakes in it...yet.

내일은 아직 실수가 없는 새로운 날이에요.

#새로운 기회 #틀리면 다시 하기

앤이 너무나 좋아하는 앨런 목사 부부를 집으로 초대한 날 그만 실수를 합니다. 보통 사람들은 실수를 하면 위축되기 마련인데 앤은 그마저도 긍정적으로 바꾸는 마법을 부립니다.

내일, 즉 미래를 정의하는 말로 이보다 희망적이고 긍정적인 말을 들어 본 기억이 없어요. 오늘 지친 많은 사람들에게 위로를 줍니다. 내일이 새로운 날이라는 사실만으로도 우리는 큰 용기를 얻습니다. 그런데 '아직 실수가 없는'이라는 축복까지 준다니. 그래요. 어제와 오늘의 내 실수를 리셋해줄 수 있는 건 바로 내일이라는 새로운 날입니다. 물론 우리는 기억이 있어서 어제와 오늘의 실수를 쉬 잊을 수는 없습니다. 하지만 과거의 나에게 갇혀 새로운 나를 만날 기회를 날려버리는 건 더 어리석다고 앤은 우리에게 속삭여주고 있습니다. 오늘의 문장이 가지고 있는 또 하나의 메시지는 어제의 나를 용서하라는 것이 아닐까 싶어요. 결국 과거의 나를 잊고, 용서하는 과정에서 우리는 자기반성의 시간을 갖게 됩니다. 하지만 그 과정에서 자책하지 말고 다음 날 새로운 마음으로 실수 없이 살아가자는 희망을 이야기하고 있어요.

요즘 현대인들은 자기애가 충만해 보이지만 반대로 매일 자신을 자책하는 사람도 많습니다. SNS에 올라오는 다른 이들의 삶에 자신을 비교하면서 주눅 들고, 자책하는 삶에서 벗어나 나만의 새로운 내일을 가져보세요. 앤이 우리에게 말하고 있잖아요. 내일은 아직 실수가 없는 새로운 날이라고.

Tomorrow is a new day with no mistakes in
it...yet.

Tomorrow is a new day <u>with</u> no mistakes in it...yet.

전치사 with는 다양한 의미를 가지고 있어요.
전치사 with 뒤에 사람이나 동물이 오는 경우 '~와 함께', 사물이 오면 '~을 가지고'라고 해석합니다. 소유나 포함 상태를 설명해요. with no mistakes는 '실수를 가지고 있지 않다'라는 의미니까 '실수 없이'라는 뜻이에요.

● 내 상황에 맞는 문장으로 바꾸기(전치사 with 활용)
예) I always carry my phone <u>with</u> me. (나는 항상 휴대전화를 갖고 다닌다.)

● AI가 알려주는 '오늘의 문장'과 같은 뜻, 다른 문장으로 바꾸기
▷ Tomorrow is a day with no errors yet.
▷ Tomorrow is a new chance with no errors so far.
▷ Tomorrow is a new day with no faults yet.

● 오늘의 단어 * 오늘 배운 문장에서 어려운 단어가 있다면 정리해보세요.

Day43 당신에게
중요한 가치는?

오늘의 문장

Life is worth living as long as there's a
laugh in it.
웃음이 있는 한 인생은 살 가치가 있어요.
#웃음 #인생 #가치 #사람

여러분은 무엇이 있으면 인생이 살만하다고 느끼나요? 앤은 '웃음'이라고 했습니다. 만약 저라면 뭐라고 답할지 이 책을 읽으면서 한참 고민했어요. 제 삶은 '사람'이 있어 살아낼 가치가 있다는 생각을 했습니다. 예전에 전남 구례에 시골장이 서는 날 방문을 한 적이 있습니다. 그곳에는 맛있는 걸 파는 사람들, 예쁜 옷이나 도자기를 파는 사람들이 있었습니다. 하지만 한쪽 구석에는 볼품 없는 것들을 파시는 분들도 계셨어요. 자신이 하고 있는 일이나 파는 물건에 엄청나게 자부심이 있어 보이지 않는데도 그분들은 매번 장에 나오셨습니다. 하루 종일 저 물건 중에 하나라도 팔릴까 싶은 것들을 내놓고 더운 날 선풍기도 없는 땡볕에 몇 시간씩 앉아 계신 분들을 보며 골몰한 적이 있습니다. 저분들을 움직이게 하는 원동력이 뭘까 하고.

어쩌면 가족의 생계 혹은 장에서 이야기를 나눌 동료 상인들 때문은 아닐까요? 결국 우리를 움직이는 원동력은 '사람'이 많은 부분을 차지하는 것 같습니다. 부모, 자식, 배우자처럼 가족일 수도 있고, 나의 안부를 걱정해주는 친구와 동료일 수도 있지요. 내 성취는 모두 다 혼자 이뤄낸 일 같지만 사실 주변 사람들이 보이지 않는 도움을 준 경우가 많습니다. 여러분이 일하고 있는 이유도 한번 곰곰이 생각하면서, 여러분 인생의 가치가 무엇인지 찾아보는 하루가 되시길 바랍니다.

Life is worth living as long as there's a laugh
----
in it.

오늘의 구문

Life is worth living <u>as long as</u> there's a laugh in it.

as~as도 비교할 때 사용하는 구문이에요.
비교하는 문장에서 주로 비교급을 사용하지만 동등비교를 하는 상황도 있어요. '~보다 …하다'가 아니라
'~만큼 …하다'를 표현해야 할 때도 있죠. 그때 'as+원급+as'의 형태로 사용해요.

● 내 상황에 맞는 문장으로 바꾸기(as+원급+as 활용)
예) The weather today is <u>as cold as</u> it was yesterday. (오늘 날씨는 어제만큼
춥다.)

● AI가 알려주는 '오늘의 문장'과 같은 뜻, 다른 문장으로 바꾸기
▷ As long as we can laugh, life is worth it.
▷ Life is good as long as you can find laughter.
▷ If you can laugh, life is worth living.

● 오늘의 단어 * 오늘 배운 문장에서 어려운 단어가 있다면 정리해보세요.

 **또 다른 나**

오늘의 문장

There's such a lot of different Annes in me.

내 안에는 많은 다른 앤이 있어요.

#잊혀진 나 #몰랐던 나 #또 다른 존재

A lot of different Annes라는 표현은 정말 재미있는 영어적 표현입니다. 우리도 A lot of different OOs 처럼 바꿔 표현해봅시다. 누구나 살면서 많은 역할을 부여 받습니다. 저 역시 그저 한 사람일 뿐인데 역할에 따라 다양한 모습의 저를 만나곤 합니다.

저는 운동을 정말 싫어하지만 책을 읽으라면 한 달이고 일년이고 꿈쩍 않고 읽을 수 있다고 생각했던 사람입니다. 그런 제가 PT를 등록하고 헬스장을 다니기 시작한 역사적인 일이 생겼어요. 앉아서 글을 쓰거나, 수업을 하는 일이 압도적으로 많았던 저는 어느 날부터 허리가 너무 아팠거든요. 결국 살기 위해 운동을 시작했습니다. 그런데 그 운동을 통해 또 다른 저를 발견하게 되었어요. 기억을 더듬어 보니 저는 중고등학생 시절 꽤 운동을 잘해서 늘 체력장은 특급을 받았습니다. 타고난 신체 조건이 나쁘지 않았던 것이겠죠. 그런데 그냥 싫다는 이유로 기피해버린 겁니다. 해본 적 없는 일에 도전하면서 새로운 제 모습을 보는 재미가 쏠쏠했어요. 문득 제 안에 또 다른 저, 제가 미처 발견하지 못한 제가 또 존재하는 것은 아닐까 하는 생각이 들었습니다. 그 생각을 확인해보고자 평소에 도전하지 않았던, 혹은 잘하지 못할 거라고 미리 단정지었던 일을 조금씩 시도해보고 싶은 마음이 생겼습니다. 여러분도 생각 속에 여러분을 가두지 말고 새로운 일에 도전해보세요. 또 다른 모습의 자신을 만날지도 모르니까요.

There's such a lot of different Annes in me.

There's such a lot of different Annes in me.

There is / There are ~ 구문은 '존재'에 대한 설명을 할 때 써요.
이 구문은 무엇이 어디에 있고 어떤 상태인지 설명해줘요. there is 뒤에는 단수명사, there are 뒤에는 복수명사가 와요. 오늘의 구문은 Anne이 셀 수 없는 고유명사라서 there is를 썼지만 a lot of의 맛을 살리기 위해 Annes라고 복수를 썼어요. 문학적 허용이라고 이해해주세요.

● 내 상황에 맞는 문장으로 바꾸기(there is/are 활용)
예) There's such a lot of wisdom in him. (그에게는 지혜가 가득하다.)

● AI가 알려주는 '오늘의 문장'과 같은 뜻, 다른 문장으로 바꾸기
▷ There are so many different sides of me.
▷ I have a lot of different personalities inside me.
▷ I am filled with many different versions of who I am.

● 오늘의 단어 * 오늘 배운 문장에서 어려운 단어가 있다면 정리해보세요.

이심전심

Kindred spirits are not so scarce as I used to think.

마음이 통하는 사람들은 내가 생각했던 것만큼 드물지 않아요.

#공유 #생각과 감정 #사소한 친절

까칠해 보이던 조세핀 배리 할머니께 실수를 하고 만 앤은 걱정이 앞섰지만, 솔직하게 사과합니다. 그 모습에 마음이 풀린 할머니는 앤과 좋은 친구가 됩니다. 자신의 잘못을 용서해주고 예뻐해준 사람을 두고 마음이 통하는 사람이라고 표현한 거예요. 저는 가끔 흉흉한 사건들로 도배된 뉴스를 볼 때가 있어요. 예전보다 그런 류의 뉴스를 자주 접하는 것 같아서 저만 다른 세상에 사는 느낌을 가끔 받곤 해요. 저런 일이 진짜로 일어난다고? 저런 사람이 정말 저렇게 많다고? 하는 생각 말이에요. 〈빨강머리 앤〉을 읽으면서 이 문장을 만났을 때 위로를 받는 느낌이었어요. 아, 그래 내가 잊고 있었구나! 세상에는 악한 사람보다 착한 사람이 더 많았지. 그 힘겨운 출근길 지하철 안에서도 임산부에게 자리를 양보하는 사람들이 늘 있고, 엘리베이터 문을 잡아주는 사람도 늘 있고, 지나가는 아이에게 손인사를 나눠주는 사람도 늘 있었어요. 우리는 늘 그렇게 사소한 친절을 베푸는 사람들과 함께 살고 있더라고요. 뉴스에 나오는 사람들은 너무 큰 잘못을 한 사람들일 거고 일반적인 사람들은 아니죠. 그 사실을 잊지 않아야 해요.

앤이 말한 kindred spirits는 직역을 하면 '혈연관계의 영혼'이라고 할 수 있지만, '서로 비슷한 생각과 감정을 공유하는 마음'을 뜻해요. 즉, 우리가 서로 말하지 않아도 통하는 그 따스한 마음을 의미하는 것 같아요.

Kindred spirits are not so scarce as I used to

‗ ‗

think.

‗ ‗

‗ ‗

‗ ‗

오늘의 구문

Kindred spirits are not so scarce as I <u>used to</u> think.

과거에 '~하곤 했다'는 used to 구문을 써요.

'주어+used to+동사원형'은 과거의 상태나 습관을 나타내기 때문에 현재는 그 상태나 습관이 바뀌었을 수 있어요. 즉, 오늘의 문장은 마음이 통하는 사람들이 드물다고 생각했지만 실제 현실에서는 원래 생각했던 것처럼 드물지 않다는 뜻이에요.

* kindred sprits 관심사가 같은 사람들 / scarce 드물다

● 내 상황에 맞는 문장으로 바꾸기(used to 활용)

예) I used to believe in Santa Claus when I was young. (나는 어렸을 때 산타 클로스를 믿곤 했다.)

‗ ‗

● AI가 알려주는 '오늘의 문장'과 같은 뜻, 다른 문장으로 바꾸기

▷ Like-minded people aren't as hard to find as I used to think.

▷ People with similar minds aren't as scarce as I used to believe.

▷ It's not as hard to find kindred spirits as I thought.

● 오늘의 단어 * 오늘 배운 문장에서 어려운 단어가 있다면 정리해보세요.

Day46

당신이 세상에
가지고 올 것

> **오늘의 문장**
>
> It's not what the world holds for you. It's what you bring to it.
>
> 세상이 당신을 위해 가지고 있는 것이 아니에요. 당신이 세상에 무엇을 가져올지가 중요해요.
>
> #누가 먼저 줄 것인가

앤은 비전이 명확하고 자신을 사랑하는 길버트에게 이 문장으로 사랑을 고백합니다. '세상이 당신을 위해 가지고 있는 것(what the world holds for you)'은 바로 외적인 조건이겠지요. 하지만 앤은 길버트가 가진 비전, 즉 '당신이 세상에 가져올 무엇(what you bring to it)'이 더 중요한 내적 조건이라고 말합니다. 요즘 MZ들의 연애는 잘 모르지만, 저희 세대는 남자가 데이트 비용을 조금 더 내는 것이 '멋'인 줄 알았어요. 그러다가 조금 시간이 지나니 '더치페이'가 자리를 잡더라고요. 그래서 요즘은 각자 먹은 만큼 n분의 1씩 계산하는 문화가 일반적인 것 같아요. 그러고 보면 고전 캐릭터임에도 앤은 합리적인 신여성, 그 자체 아닌가요?

'합리적이다'가 언제나 '옳다'와 동격은 아닙니다. 하지만 적어도 요행만 바라는 사람보다는 지혜로워 보입니다. 상대가 무엇을 갖고 있는지만 보는 것이 아니라 무엇을 가져올 수 있는 사람인지 보고 미래에 베팅하는 자세죠. 이는 가져올 경제적 부만을 생각한 것은 아닐 겁니다. 그 사람이 나에게 줄 행복의 크기도 포함이겠지요. 대화가 통하고, 취미가 잘 맞고, 서로 조금씩 배려해서 덜 싸우게 되는 사람이라면 돈과 바꿀 수 없는 행복을 주지 않을까요? 어떤가요? 앤의 사람 보는 눈이.

It's not what the world holds for you. It's what

----

you bring to it.

오늘의 구문

It's not what the world holds for you. It's what you bring to it.

관계대명사 what은 선행사를 포함해요.
관계대명사는 대개 '선행사+관계대명사절' 형태로 관계대명사절이 선행사를 꾸며줘요. 하지만 what은
선행사가 따로 필요 없고 '~하는 것'으로 해석합니다.

● **내 상황에 맞는 문장으로 바꾸기(관계대명사 what 활용)**
예) I'll show you what I made. (내가 만든 것을 너에게 보여줄게.)

● **AI가 알려주는 '오늘의 문장'과 같은 뜻, 다른 문장으로 바꾸기**
▷ What matters isn't what the world offers, but what you offer to it.
▷ It's not about what the world holds, but what you add to it.
▷ It's not about what you get from life, but what you give to it.

● **오늘의 단어** * 오늘 배운 문장에서 어려운 단어가 있다면 정리해보세요.

 **Day47** **쾌활함을 꺼내 써요**

오늘의 문장

If you can't be cheerful, be as cheerful as you can.

쾌활할 수 없다면, 가능한 한 쾌활하게 지내세요.

#쾌활함 #할 수 있는 정도

앤은 중요한 시험 결과를 앞두고 엄청난 긴장감에 휩싸이게 됩니다. 우리 인생에서 큰 시험이라 함은 수능이나, 입사 면접 시험 같은 게 있겠죠? 자격증 시험 결과도 꽤 떨렸던 기억이 납니다. 무언가 떨리고 긴장되는 순간이나, 걱정이 엄습해올 때 저는 어떤 모습이었는지 돌아보게 되었어요. 예민하게 굴며 온집안 식구들을 살얼음판 위에 올려놓거나, 고객센터 직원의 작은 실수도 용납하지 못해 쏘아 붙인 기억이 떠올랐어요. 지금 생각하면 부끄러운 일들이 한두 가지가 아니에요. 내가 내 감정 하나 조절하지 못하고, 모르는 누군가에게 화살을 돌린 것이니까요. 긴장하고 걱정하는 앤에게 린드 아주머니는 즐겁게 지낼 수 없는 상황이라면, 네가 할 수 있는 한 최대한의 즐거움을 꺼내 쓰라고 해요. 주변에 이런 조언을 해주는 어른이 있다면 정말 좋을 것 같아요. 이젠 나이가 조금 더 들고, 세월이 흘러 이런 일쯤은 감정을 소모하지 않고 잘 넘어갈 수 있을 것 같지만, 또 막상 내 앞에 닥친 걱정과 두려움이 크면 평상심을 유지하지 못할 수도 있잖아요. 그럴 때 우리에게도 이런 이야기를 해주며 다독여줄 어른이 있다면 좋겠죠? 반대로 우리도 이 문장을 알게 되었으니 이제는 누군가에게 이런 말을 건넬 수 있을 정도로 좋은 어른이 되어주려고 노력하면 좋겠습니다.

If you can't be cheerful, be as cheerful as you

can.

👉

If you can't be cheerful, be <u>as</u> cheerful <u>as you can</u>.

원급 동등비교 구문 뒤에 you can을 붙이면 최대한의 가능 범위를 설정해줘요.

as ~as 비교급은 '···만큼 ~한'이라는 뜻인데 뒤에 you can을 붙이면 '네가 할 수 있는 최대한'으로 하라는 의미예요. 주어진 능력이나 상황 안에서 최선을 다해 행동하거나, 상태를 유지하도록 요청할 때 사용해요.

● 내 상황에 맞는 문장으로 바꾸기(as~as you can 구문 활용)

예) Solve this problem <u>as</u> quickly <u>as you can</u>. (가능한 한 빨리 이 문제를 해결
해라.)

👉

● AI가 알려주는 '오늘의 문장'과 같은 뜻, 다른 문장으로 바꾸기

▷ If you can't be happy, try to be as happy as possible.
▷ When you can't be joyful, be as joyful as you can.
▷ If you can't be at your best, be the best you can be.

● 오늘의 단어 * 오늘 배운 문장에서 어려운 단어가 있다면 정리해보세요.

Day48 총량의 법칙

오늘의 문장

All the world is full of suffering. It is also full of overcoming.

세상은 고통으로 가득 차 있어요. 그러나 극복하는 것들도 가득 차 있어요.

#삶은 고통이다 #고통은 극복하는 것 #긍정회로

앤이 하는 말을 듣고 있자면, 잔잔한 미소가 머금어집니다. 삶에 고통이나 장애물이 있다 하더라도 우리는 결국 극복하며 앞으로 나아가잖아요. overcome이라는 단어는 원래 고대 영어에서는 글자 그대로 '넘어서 오다'의 의미로 쓰였습니다. 현대 영어에서는 더 이상 그 뜻으로는 사용되지 않고 '극복하다, 압도하다'의 의미로만 쓰여요. 하지만 생각해보면 불행의 저편을 넘어 이쪽으로 오는 것 자체가 어려움을 극복한다는 의미와 일면 비슷하기도 하죠. 그래서인지 overcome이라는 단어와 짝꿍처럼 붙어 다니는 단어들은 fear(두려움), barrier(장벽), damage(손상), obstacle(장애물), difference(다름), difficulty(어려움)이에요. 어때요? 정말 다 극복해야 할 것들이죠? 사람들이 쓰는 언어는 사람들의 생각을 반영한다고 하죠. overcome이라는 단어는 힘 듦을 극복하겠다는 인간의 의지가 반영된 단어일지도 모르겠습니다.

솔직히 살면서 힘든 일이 왜 없겠습니까? 어쩌면 여러분의 오늘도 유난히 힘든 날이었을지 모릅니다. 왜 남에겐 일어나지 않는 일이 나에게 일어났을까 생각할 수도 있을 거예요. 그렇다 하더라도 나는 그만큼의 고통이나 불행은 극복할 수 있는 사람이라고 스스로 격려하면 좋겠어요. 그럼 우리는 어려움을 극복하는 시간만큼 성장할 거예요. 그래도 도무지 기운이 나지 않는 날에는 고아였지만 늘 감사할 줄 알았던 앤의 긍정 파워를 빌려봐요.

All the world is full of suffering. It is also full

of overcoming.

👉

All the world is full of suffering. It is also full of overcoming.

be full of는 무엇인가 가득 찬 상태를 말해요.

어떤 대상이나 상태가 가득 차 있음을 표현할 때 'be full of+명사'를 써요. 명사는 셀 수 있는 명사와, 셀 수 없는 추상명사도 사용 가능합니다.

● 내 상황에 맞는 문장으로 바꾸기(be full of 활용)
예) The garden is full of beautiful flowers in the spring. (봄에는 그 정원이 아름다운 꽃들로 가득하다.)

👉

● AI가 알려주는 '오늘의 문장'과 같은 뜻, 다른 문장으로 바꾸기
▷ The world is full of pain, but also full of triumph.
▷ Life is filled with struggles, yet it's also filled with victories.
▷ The world is full of challenges, but also full of strength.

● 오늘의 단어 * 오늘 배운 문장에서 어려운 단어가 있다면 정리해보세요.

 **상상의 힘**

오늘의 문장

When you are imagining, you might as
well imagine something worthwhile.

상상을 할 때는, 가치 있는 것을 상상하는 것이 좋아요.

#상상 #우선순위 #긍정적 변화

상상력은 주인공 앤의 가장 큰 무기 중에 하나로 그녀의 삶에 긍정적인 영향을 미쳐요. 상상은 우리의 현실을 긍정적으로 변화시킬 수 있는 강력한 도구예요. 하지만 반대로 최악의 상황을 떠올리거나, 상상의 나래를 펼치며 현실을 도피하는 경우 우리의 삶을 더욱 힘겹게 하죠. 그래서 그토록 상상력이 뛰어난 앤도 일침을 가합니다. 쓸데 없는 상상이 아니라 가치 있는 것에 시간을 쓰라고요. 하지만 중요한 건 '가치 있는 것'의 기준은 개인마다 다르다는 점입니다. 시각에 따라 우리가 매일 반복하는 작은 일상도 가치 있는 일일 수 있죠. 하루 세끼 식사를 하는 것이 평범한 것 같아도 누군가는 아침에 일어나 차를 마시고 손수 아침 식사를 차려 먹는 일상을 부러워할지도 모릅니다. 세대에 따라 가치 있게 여기는 점도 물론 다를 겁니다. 다섯 살짜리 꼬마 아이에게 중요한 건 간식, 친구, 장난감, 키즈 카페 같은 것들이겠죠. 어른들이 중요하게 여기는 것과 그 종류가 같을 수 없다는 건 우리 모두 알고 있습니다. 그러니 각자 자신을 행복하게 만드는, 가치 있는 것들을 생각해봅시다. 원하는 것을 자꾸자꾸 생각하다 보면 결국 그 일을 이루는 방법을 찾게 되거든요. 그게 바로 상상력의 힘인 것 같아요. 파블로 피카소가 말했어요. "당신이 상상할 수 있는 모든 것은 현실이다"라고요.

When you are imagining, you might as well

- -

imagine something worthwhile.

- -

- -

- -

오늘의 구문

When you are imagining, you <u>might as well</u> imagine
something worthwhile.

might as well은 '차라리 ~하는 것이 낫다', '그냥 ~하는 편이 좋겠다'의 의미로 쓰였어요.
might는 may의 과거 형태이지만 과거 시제를 나타내지는 않아요. 오히려 현재나 미래의 가능성을 나타
냅니다.
*as well ~하는 편이 낫다

● 내 상황에 맞는 문장으로 바꾸기
예) If we can't find a taxi, we <u>might as well</u> walk. (택시를 못 찾는다면, 차라
리 걸어가는 게 낫겠어.)

- -

● AI가 알려주는 '오늘의 문장'과 같은 뜻, 다른 문장으로 바꾸기
▷ If you're going to imagine, imagine something that matters.
▷ When you dream, dream of something that counts.
▷ It's better to imagine something significant when you're imagining.

● 오늘의 단어 * 오늘 배운 문장에서 어려운 단어가 있다면 정리해보세요.

Day50　1일 1모험

> **오늘의 문장**
>
> I think without some adventures, life
> would be dreadfully dull.
> 모험이 없다면 인생은 끔찍하게 지루할 것 같아요.
> #실수는 모험이 된다

adventure라는 단어가 주는 위엄이 있어요. 모험은 뭔가 굉장해야 할 것 같잖아요. 스펙터클하고, 감동적이고, 어디서도 볼 수 없는 장면 정도는 연출해야 모험이라고 말할 수 있을 것 같지 않나요? 갑자기 잘 다니던 대기업을 그만두는 일이나, 집을 팔고 세계일주를 떠나는 일이나, 명문대를 붙고도 자퇴하고 자신의 꿈을 찾아 떠나는 일쯤은 감행해야 모험이란 이름에 어울리는 느낌이 들죠. 그래서 우리 같은 평범한 사람들은 엄두도 못내는 일이라고 생각하기도 해요. 하지만 모험은 그렇게 거창한 게 아니에요. 어린 아이들이 놀이터에서 처음 미끄럼틀에 도전하는 일, 평소에 못 먹는다고 생각했던 음식을 먹어보는 일, 음악적 재능 같은 건 없다면서 피하기만 했던 악기를 배워보는 일 등이 모두 모험이에요. 또 아직은 알 수 없는 미래를 위해 매일 공부하고, 이력서를 넣고, 누군가와 결혼을 결심하는 것도요. 즉, 결과를 모르는 일을 시도하는 것도 모험인 거죠. 실패한다면 그 맛은 쓰겠지만, 성공한다면 짜릿할 거예요. 아마도 우리의 밋밋한 일상에 즐거운 자극이 되어줄 겁니다. 여러분도 하루의 지루함을 깨기 위해 1일 1모험을 실천해보는 건 어떨까요? 저는 일단 오늘 한 번도 가보지 않은 새로운 동네에 가보려고 해요. 벌써 재미있을 것 같지 않나요? 지하철을 잘못 타도 좋아요. 그것도 모험이니까요.

120

I think without some adventures, life would
_ _
be dreadfully dull.
_ _

☞
_ _

_ _

오늘의 구문

I think <u>without</u> some adventures, life would be dreadfully dull.

전치사 without은 with와 달리 '~없이', '무엇을 하지 않고'의 의미로 쓰여요.
전치사 with는 '~을 가지고', '~을 장착하고'의 의미로 쓰이지만, without은 반대로 '~없이'라는 의미를
표현할 때 써요. 어떤 것이 부재하거나 특정 행동을 하지 않는 상태를 나타낼 때 사용해요.

● 내 상황에 맞는 문장으로 바꾸기(without 활용)
예) You can't enter the building <u>without</u> an ID card. (신분증 없이는 건물에
들어갈 수 없다.)

_ _

● AI가 알려주는 '오늘의 문장'과 같은 뜻, 다른 문장으로 바꾸기
▷ I believe that life would be boring without adventures.
▷ Without any adventures, life would be very boring, I think.
▷ Life would be so boring without adventures in my view.

● 오늘의 단어 * 오늘 배운 문장에서 어려운 단어가 있다면 정리해보세요.

⟨Night atmosphere at see Full moon⟩ by 칼 로처

피터 팬

Peter Pan

- 제임스 매슈 베리

비틀즈는 알았고
나는 몰랐던 사실

Day51

오늘의 문장

Leave it alone, and it will blow over.

그냥 내버려두면 지나갈 거야.

#기다림 #지켜보기

중학교 때 비틀즈의 〈Let it be〉라는 노래의 악보집을 사서 피아노를 더듬더듬 치던 기억이 있어요. 그때는 노란색 피아노 악보집을 문방구에서 낱장으로 팔았더랬죠. 그 멜로디를 따라 부르며 피아노를 치면서도 제목의 의미를 제대로 몰랐던 기억이 납니다. 〈Let it be〉는 그냥 내버려두고, 순리대로 하라는 뜻이라는 걸 나중에야 알았어요. 피터 팬 이야기가 시작되는 초반부에 피터 팬의 존재에 집착하는 아이들을 걱정하는 엄마에게 아빠는 "그냥 내버려두면 지나갈 거야"라고 말합니다. 여러 가지 의미가 있는 대사예요. 피터 팬은 영원히 나이 들지 않고 소년으로 남아 있는 신비한 존재예요. 하지만 현실 속 아이들은 성장합니다. 그러니 그냥 내버려두면 아이들은 언제 피터 팬을 좋아했느냐 싶게 잊게 될 거라는 걸 아빠는 알고 있었던 거지요. 우리는 모두 어린 시절 무언가에 깊이 빠지거나 집착한 기억이 있지요. 어른들이 아무리 말려도 그만둘 수 없는 것이 있습니다. 어린 시절에 그러지 않으면 오히려 자라서 그러기도 해요. 특정 학과를 가겠다고 떼를 쓰거나, 부모님이 반대하는 무언가를 하겠다고 우기는 거죠. 누군가가 꺾으려고 하면 더 강하게 버티는 형국은 어디에서나 목격되는 장면입니다. 애나 어른이나 자유의지를 꺾어야 하는 상황이기 때문이에요. 그럴 땐 의지를 꺾으려 하기보다 자유를 최대한 주는 게 이기는 전략이에요. 자유에는 책임이 따르거든요. 책임이 너무 무거워서 견디지 못하면 결국 내려놓게 되는 게 인간이니까요.

Leave it alone, and it will blow over.

_ _

_ _

오늘의 구문

Leave it alone, and it will blow over.

주어가 생략된 명령문으로 시작하는 문장으로 접속사 and로 연결되어 있어요.
동사 leave는 여러 가지 뜻이 있는데 여기서는 '내버려두다', '그냥 두다'라는 뜻으로 쓰였어요. 명령문과
연결된 and는 대개 '그러면, 그렇게 되면'으로 해석합니다. blow over는 '가라앉다', '사라지다'라는 의미
이기에, "그냥 놔둬, 그러면 없어질 거야"로 해석합니다.

● 내 상황에 맞는 문장으로 바꾸기(명령문, and+문장 활용)
예) Relax, and the worry will dissipate. (긴장을 풀면, 걱정이 사라질 것이다.)

_ _

● AI가 알려주는 '오늘의 문장'과 같은 뜻, 다른 문장으로 바꾸기
▷ Let it be, and it will pass.
▷ Ignore it, and it will go away.
▷ Leave it as is, and it will settle down.

● 오늘의 단어 * 오늘 배운 문장에서 어려운 단어가 있다면 정리해보세요.

Day52 살아 있다는 마법

To live would be an awfully big adventure.

살아남는 것도 정말 큰 모험이 될 거예요.

#삶 #소중함 #모험

나이가 들지 않는 채 살아야 하는 피터 팬에게 삶은 그 자체로 큰 모험이 될 거예요. 보통은 죽음이나 위험을 감수하는 것을 모험이라 여기지만 피터 팬에게는 아니었죠. 그런데 비단 피터 팬만 그런 것도 아닐 거예요. 예전에 우연히 본 드라마에서 주인공은 어린 시절에 사고로 가족을 모두 잃게 됩니다. 주인공은 어린 아이였는데 혼자 살아남게 되면서 자신의 삶이 너무 불운하다고 여겨요. 차라리 그 때 같이 죽었어야 한다고 생각하죠. 여러분은 어떻게 생각하시나요? 인간의 생명은 어떤 가치보다 우위에 있어야 함에도 불구하고, 존엄성이 훼손되는 상황에서도 살아내야 하는가 하는 문제에 봉착하면 고민이 됩니다. 즉, 너무 어린 나이에 버려진 상황이나, 의식을 잃은 코마 상태로 생명을 유지해야 하는 상황이 온다면 말이에요. 나 또는 나의 가족에 대한 일이라고 가정한다면 인간의 존엄성에 대해 우리는 다시금 정의를 내려보는 시간이 될 겁니다. 다행히 그 드라마 속 주인공은 살아줘서 고맙다고 말하는 주변 사람들에 의해 치유의 과정을 거치게 됩니다. 그리고 결국 살아 있음에 감사하게 됩니다. 우리도 살다 보면 힘에 부칠 만큼 아픈 일도 있잖아요. 살아 있는 것, 버티는 것만으로도 모험이 되는 인생이 있어요. 인생이 어렵고 힘들 때 삶의 큰 그림을 떠올려보면 오히려 답이 나올 때가 있답니다. 살아남는 것 자체가 모험이라면 당장 눈앞에 놓인 공부, 힘든 직장 생활, 적은 연봉 등은 가소로워 보이는 마법이 생기거든요.

To live would be an awfully big adventure.

To live would be an awfully big adventure.

to부정사를 주어로 하는 미래의 가능성을 나타내는 문장이에요!

to부정사의 명사적 용법이 주어 역할을 하면 '~하는 것'으로 해석합니다. would는 will처럼 완전한 미래가 아니라 '가능성'을 표현해요. an awfully big adventure는 '관사+부사+형용사+명사'의 조합으로 adventure(모험)를 좀 더 극적으로 만들어줄 수식어를 많이 썼어요.

*awful 끔찍한, 지독한 / awfully 매우, 몹시, 정말(very보다 강조하고 싶을 때)

● 내 상황에 맞는 문장으로 바꾸기(to부정사 주어 활용)

예) To travel would be an incredible journey. (여행을 하는 것은 믿을 수 없을 만큼 놀라운 여정이 될 것이다.)

● AI가 알려주는 '오늘의 문장'과 같은 뜻, 다른 문장으로 바꾸기

▷ Living would be an incredibly grand adventure.

▷ Life would be one tremendous adventure.

▷ To live life fully would be a vast adventure.

● 오늘의 단어 * 오늘 배운 문장에서 어려운 단어가 있다면 정리해보세요.

Day53 햄릿도 아닌데 선택의 연속

오늘의 문장

The difficulty is which one to choose.

어려움은 어떤 것을 선택해야 하는가에 있다.

#선택 #보편적 선택 #관여도

《정의란 무엇인가?》라는 책에는 다양한 철학 사조가 소개됩니다. 이 책을 읽는 동안 우리는 끊임없이 어느 한 쪽을 선택해야 하는 상황을 맞이합니다. 딜레마 상황이 연속되면서 독자들은 지금까지 자신이 진실이라고 믿었던 가치나 신념이 흔들리기 시작합니다. 누가 봐도 A라는 선택이 대의를 위한 것이지만 나의 가족이나 지인이 엮이게 되면 사적인 영역이 됩니다. 그러면서 대의와 사익 사이에서 갈등하는 거죠. 비단 책 속의 이야기만은 아닙니다. 우리는 매순간 여러 가지 선택을 합니다. 점심 메뉴 같은 아주 사소한 것부터 부정행위를 보고 신고할지 말지 같은 꽤 무거운 선택까지 말입니다. 피터 팬 역시 네버랜드에 남을지, 지구로 갈지 아주 중대한 고민을 하는 장면에서 이 대사를 말합니다. 선택은 그 순간에만 영향을 미치는 것이 아니라 앞으로 닥칠 모든 미래에 영향을 주게 됩니다. 그러므로 어떤 선택도 가벼울 순 없겠지요. 결국 어떤 것에 가치를 두는 삶으로 살아갈 것이냐가 문제의 핵심입니다. 그래서 선뜻 선택하기가 어렵습니다. 지난 선택과 이번의 선택이 같은 기준을 가져야 하니까요. 나이가 들수록 선택은 더 어려워지는 것 같습니다. 다양한 입장과 변수를 모두 고려해야 하기 때문이죠. 하지만 'Simple is the best.'라는 말처럼 단순한 게 좋은 답일 때도 있습니다. 우리가 항상 성인군자처럼 대의를 위해 살아갈 필요는 없으니까요. 아주 사소한 것부터 자유의지대로 마음이 시키는 대답을 찾아 선택해보세요. 그게 진짜 나의 선택입니다.

The difficulty is which one to choose.

오늘의 구문

The difficulty is which one to choose.

명사절을 보어로 하는 문장이에요.

The difficulty가 주어, is가 be동사로 2형식 문장입니다. 보어 자리에 which를 사용한 명사절이 오는 구조예요. which one은 '어느 것, 어느 쪽'이란 뜻으로 몇 개 중에 하나를 선택할 때 씁니다.

● 내 상황에 맞는 문장으로 바꾸기(명사 보어, 2형식 활용)

예) The challenge is deciding where to go. (도전은 어디로 갈지 결정하는 것이다.)

● AI가 알려주는 '오늘의 문장'과 같은 뜻, 다른 문장으로 바꾸기

▷ The challenge is in choosing the right one.

▷ The hard part is deciding which one to pick.

▷ The difficulty comes from choosing the right option.

● 오늘의 단어   * 오늘 배운 문장에서 어려운 단어가 있다면 정리해보세요.

 **날고 싶은 어른들**

오늘의 문장

When people grow up they forget the way.

사람들은 어른이 되면 나는 방법을 잊어버려.

#명랑한 #순수한 #무심한 대응

이 문장을 보자마자 좀 뜨끔하더라고요. 웬디는 네버랜드에서 돌아와 현실을 살아내는 평범한 여인이 되어 있었습니다. 그래서 예전에 날던 때를 회상하면서 꺼낸 대사였어요. 웬디는 날지 못하게 된 이유를 더 이상 명랑하지도 (gay), 순수하지도(innocent), 무심하지도(heartless)않기 때문이라고 말해요. 단순히 나는 법을 잊어서가 아니라 어른이 되면서 동심을 잃어서라는 뜻이지요. 우리는 무엇을 잊고 사나요? 〈어린 왕자〉에서도 비슷한 글귀를 마주하면서 어른이 된 자신을 돌아보았습니다. 회사에서는 상사가 되고, 가정에서는 자녀에서 부모가 되어가며, 학교에서는 후배에서 선배가 되는 나이에는 무엇이 바뀔까요? 저는 어렸을 때 정치 뉴스에서 어른들이 싸우는 걸 보면 이해가 되지 않았어요. 터놓고 이야기하고 가장 좋은 것을 고르면 될 것 같았거든요. 그 시절의 제 또래들이 이제는 40대 중반이 되어 정치의 중심에 있습니다. 그런데 그 모습이 과거와 그리 다르지 않습니다. 왜 그렇게 바뀌는 걸까요? 이제 이 나이가 되어보니 알 것도 같습니다. 더 이상 세상의 모든 게 명랑하지도(gay), 상대의 의도가 순수하지도(innocent), 다른 사람의 공격에 무심(heartless)해지지도 않기 때문인 거죠. 단순히 어른이 되어서 변했다기 보다는 경험이 쌓이고 내 것을 지키려는 마음이 생기면서 변화하는 것 같기도 합니다. 그러나 어떤 일은 여전히 명랑함과 순수함, 무심함이 있어야 해결됩니다. 어른이 되었더라도 어떻게 날았는지는 기억하면 좋겠습니다.

When people grow up they forget the way.

오늘의 구문

When people grow up they forget the way.

시간조건절 when을 종속절로 한 문장이에요.

when이 종속접속사(시간)로 쓰여 '~때'로 해석합니다. 'When people grow up'이 종속절, 'they forget the way'가 주절이에요. 여기서 the way(방법)는 책 속 맥락상 how to fly(나는 방법)를 말합니다.

● 내 상황에 맞는 문장으로 바꾸기(시간조건절 종속절 활용)

예) When the rain stops, we can go for a walk. (비가 멈췄을 때, 우리는 산책하러 갈 수 있다.)

● AI가 알려주는 '오늘의 문장'과 같은 뜻, 다른 문장으로 바꾸기

▷ When kids grow up older, they lose their sense of wonder.

▷ When people age, they often lose their imagination.

▷ As time goes on, people lose touch with their inner child.

● 오늘의 단어 * 오늘 배운 문장에서 어려운 단어가 있다면 정리해보세요.

 # 일상이 모험이 될 때

오늘의 문장

Adventures, as we shall seem, were of daily occurrence.

우리가 보다시피 모험은 매일 일어난다.

#모험 #안온함 #일상의 도전

웬디는 피터 팬과 지내며 매일매일이 모험의 연속이라고 말합니다. 우리의 매일은 어떤가요?

나이가 들수록 시간이 빠르게 흘러간다는 느낌을 받습니다. 인지심리학자 김경일 교수님이 말씀하시길 비슷한 경험을 자주하게 되면 시간은 필연적으로 빨리 가게 되어 있다고 합니다. 실제로 빨리 가는 게 아니라 그렇다고 느끼는 거예요. 어릴 때는 아침에 눈을 뜨면서부터 감는 순간까지 겪는 모든 일이 새롭습니다. 매일이 새로운 경험이고, 도전이고, 모험입니다. 매 순간 새로운 걸 모두 겪어내려면 많은 시간이 필요하죠. 즉, 새로운 경험을 많이 할수록 내 머릿속에서는 데이터를 처리하느라 바빠요. 그러니 외부의 시간은 천천히 흐르는 거죠. 하지만 어른은 어때요? 매일매일 반복되는 경험이 더 이상 새롭지 않습니다. 사실은 조금씩 다른 날을 보내고 있는 데도 대체로 반복되는 일상이 많으니 더 이상 도파민이 나오지 않고, 새롭게 느끼지 못하는 거죠. 이처럼 물리적인 시간과 뇌가 느끼는 시간은 차이가 존재해요. 사람들에게 저녁이 있는 삶이 소중한 이유가 아마도 이 때문 아닐까요? 지루한 하루의 일상에서 퇴근 이후라도 작은 변화를 만들고 싶어하는 욕구가 있으니까요. 우리는 자기도 모르게 모험과 도전을 바라고 있는지도 몰라요. 어른들에게도 모험은 매일 일어날 수 있어요. 내일도 반복되는 지루한 일상일지 모르지만 그 속에서 깨알 재미를 발견하는 하루가 되시길 바랍니다.

오늘의 문장 따라 쓰기

Adventures, as we shall seem, were of daily

occurrence.

오늘의 구문

Adventures, as we shall seem, were of daily occurrence.

'보다시피, 알다시피'를 활용한 문장을 배워봐요.

〈피터 팬〉은 1911년에 쓰여진 작품이라 현대 영어에서 쓰지 않는 표현들이 가끔 섞여 있어요. as we shall seem은 '보다시피, 알다시피'라는 표현인데 현대에는 as it seems로 간결하게 써요. 또한 as you know, as you can see 등을 활용할 수 있어요.

● 내 상황에 맞는 문장으로 바꾸기(as+종속절 활용)

예) Discoveries, as we noticed, happened regularly. (발견들은, 우리가 알아챘듯이, 규칙적으로 일어났다.)

● AI가 알려주는 '오늘의 문장'과 같은 뜻, 다른 문장으로 바꾸기
▷ Adventures seemed to happen every day.
▷ It seemed that adventures occurred every day.
▷ Daily, it seemed, adventures took place.

● 오늘의 단어 * 오늘 배운 문장에서 어려운 단어가 있다면 정리해보세요.

 **피터 팬이 행복한 이유**

Peter had seen many tragedies, but he had forgotten them all.

피터는 많은 비극을 보았지만 모두 잊어버렸다.

#망각 #회피 #성장

인간에게 망각은 축복일까요, 불행일까요? 학창시절 공부하고, 암기해야 할 때 망각은 마치 저주같이 느껴집니다. 아까 본 것도 기억을 못하는데, 외워야 할 건 많죠. 그런데 살다 보면 필사적으로 잊고 싶은 사건도 생깁니다. 그러나 그런 기억은 마치 늪처럼 잊으려고 하면 할수록 더욱더 생생하게 기억나서 괴롭죠. 그런데도 아픈 상처를 마주할 때 우리는 위로의 말로 "시간이 해결해줄 거야"라고 합니다. 결국 희미해질 것을 알기 때문이죠. 인간에게 망각은 때로는 축복이고, 때로는 불행입니다. 그런데 피터 팬은 매번 잊어버립니다. 단순 건망증이 아닙니다. 현재만 살아가는 캐릭터이기 때문에 비극을 잊음으로써 영원히 행복하고 걱정 없는 어린 아이로 남을 수 있는 것이죠. 평생 어린이로 살 수 있다면 무척 행복할 것 같나요? 제가 앞서 언급한 것처럼 우리는 인생을 살면서 불행을 마주하는 날도 있습니다. 그 불행한 사건을 잊어버리고 행복하게 살 수 있다면 좋은 것 아니냐 할 수 있겠지만, 전 그렇게 생각하지 않아요. 과거의 사건이 불행이든, 행복이든 현재의 나를 만드는 밑거름이 됩니다. 그 사건을 극복하면서 지금의 내가 완성된 것이고 그것은 반드시 성장을 동반합니다. 피터 팬은 성장과 당장의 행복을 맞바꾼 겁니다. 다시 말해 우리도 어떤 일을 직면하기보다, 회피해버리면 성장할 기회를 놓칩니다. 다만 힘들 때 우리 곁에 토닥토닥 위로해줄 누군가가 있다면 좋겠죠. 그러니 문제에 직면하세요. 그럼 제가 글로나마 여러분과 함께할게요.

Peter had seen many tragedies, but he had
forgotten them all.

오늘의 구문

Peter <u>had seen</u> many tragedies, but he <u>had forgotten</u> them all.

과거 완료 시제를 활용하여 더 이전에 일어난 일을 나타내는 문장이에요!

현재 완료나 과거 완료는 한국어엔 없는 개념입니다. 현재 완료는 과거에서 시작된 일이 현재까지 영향을 미치는 경우, 과거 완료는 과거의 특정 시점이나 사건보다 더 이전에 일어난 일을 설명할 때 써요.

예) I had eaten dinner before he arrived.(나는 그가 도착하기 전에 이미 저녁을 먹었다).

● **내 상황에 맞는 문장으로 바꾸기(과거 완료 시제 활용)**

예) She <u>had read</u> many books, but she <u>had remembered</u> only a few. (그녀
는 많은 책을 읽었지만, 몇 권만 기억했다.)

● **AI가 알려주는 '오늘의 문장'과 같은 뜻, 다른 문장으로 바꾸기**

▷ Peter had seen many tragedies, but he had erased them from his
memory.

▷ Peter had experienced many sad moments, but he had let them all go.

▷ Peter had witnessed many sorrows, but they had all been forgotten.

● **오늘의 단어** * 오늘 배운 문장에서 어려운 단어가 있다면 정리해보세요.

Day57 우리는 모두 미생

> **오늘의 문장**
>
> # Every child is affected the first time he is treated unfairly.
>
> 모든 아이는 자신이 처음으로 부당한 대우를 받을 때 마음이 흔들린다.
>
> #부당함 #성숙한 대응

세상 모든 일이 정정당당하게 흘러가지는 않아요. 피터 팬 역시 후크 선장에게 부당한 대우를 받자 당황하게 됩니다.

드라마 〈미생〉에도 비슷한 상황이 나옵니다. 주인공 장그래는 어릴 때부터 바둑에만 매진했지만 결과를 내지 못했기 때문에 성인이 되고도 변변한 직장이 없었죠. 그러다가 우연히 대기업 인턴직이라는 기회가 주어집니다. 정규직 채용은 보장되어 있지 않죠. 그래서 같이 경쟁해야 할 다른 인턴들에게 장그래는 눈엣가시였어요. 좋은 대학을 나오거나 능력이 출중한 것도 아닌데, 낙하산으로 채용된 듯 하니까요. 이 작은 균열이 인턴들 사이에 큰 흔들림으로 번집니다. 인턴 채용과정은 과연 누구에게 불공정한 것일까요? 얼핏 보기에는 엄연한 낙하산이니 다른 인턴들에게 불공정해보입니다. 하지만 장그래의 입장에서는 획일적인 잣대로 경쟁해야 하는 상황이 부당했을 겁니다. 공평한 대우라는 건 그래서 어렵습니다. 드라마에서 장그래는 자신의 노력만큼 사람들이 알아주지 않지만 그때마다 마음을 다잡습니다. 지금까지의 자신이 살아온 시간만 소중한 것은 아니란 걸 알기 때문이지요. 우리는 모두 처음 당해보는 부당함에 맞서고 싶은 마음이 먼저 듭니다. 하지만 그럴 수밖에 없는 사정에 대해 조금 더 성숙한 자세로 고민하다 보면 장그래처럼 답을 찾아갈 수 있을 거예요.

Every child is affected the first time he is

_____

treated unfairly.

_____

_____

_____

오늘의 구문

Every child is affected the first time he is treated unfairly.

every 다음에는 단수 명사와 단수 동사가 온다는 걸 알려주는 문장이에요.

every는 '모든'이라는 뜻을 가져서 뒤에 복수 명사인 children이 올 것 같지만 부사로 쓰일 때 단수 명사와 단수 동사가 오는 것이 문법에 맞아요. 그리고 이 문장은 두 개의 주어와 동사가 있어 연결사가 필요한데요. the first time은 의미는 접속사이지만 역할은 부사인 접속부사입니다.

● 내 상황에 맞는 문장으로 바꾸기(every, the first time 활용)

예) Every driver is nervous the first time they get into an accident. (모든 운전자는 처음으로 사고가 났을 때 긴장한다.)

_____

● AI가 알려주는 '오늘의 문장'과 같은 뜻, 다른 문장으로 바꾸기

▷ Every child is affected when they first encounter unfairness.
▷ Every child feels the sting the first time they are wronged.
▷ Every child is changed the first time they are treated unfairly.

● 오늘의 단어 * 오늘 배운 문장에서 어려운 단어가 있다면 정리해보세요.

 **말의 농도**

> **오늘의 문장**
>
> ## Truth is best, and I want to tell you only what really happened.
>
> 진실이 최선이므로 난 진짜 일어난 일만을 말하고 싶다.
>
> #진실과 사실 #대화의 태도

저는 이 문장을 보자마자 "진실을 말하는 것이 얼마나 어려우면 저렇게 선언하듯이 말을 했을까"라는 생각이 들었습니다. 어디선가 본 명언 중에 "침묵한 것에 대해선 한 번쯤 후회할 수 있지만 자신이 말한 것에 대해서는 자주후회할 것이다"란 말이 있습니다. 진실이 아니면, 혹은 진실이더라도 꼭 해야할 말이 아니라면 우리는 침묵을 선택하는 편이 더 낫다는 의미입니다. 하지만 저는 할 말을 못하면 잠을 못 자는 성격이라 꼭 말을 하고 맙니다. 그래서자주 후회합니다. 그 말을 안 했더라도 저는 후회를 했겠지만 그래도 그 말을 안 했더라면 적어도 그 불편한 말을 들은 사람은 아무도 없었을 테니까요.게다가 진실이 최선이라는 것이 명분은 좋아 보입니다만 때로는 누군가에게상처가 될 수도 있기에 말을 아끼는 것이 더 낫기도 합니다. 만약, 대의를 위해서 또는 알 권리를 위해 반드시 할 말을 해야 하는 순간이 온다면 정말 일어난 일, 내가 직접 본 일만 담백하게 전달하는 것이 옳습니다. 그러나 대부분 사실을 말하면서 내 감정을 그 속에 녹여버립니다. 그것도 상대가 알아차릴 정도의 농도로요. 부장님이 보고서 내용만 지적한다면 기분이 덜 상할 겁니다. 문제는 거기에 이것 밖에 못하냐는 마음의 소리가 더해지는 것이고, 모임에서 친구의 말이 거슬리는 이유는 그 말에 뼈가 있다는 걸 느끼기 때문입니다.

Truth is best, and I want to tell you only what
_ _
really happened.
_ _

_ _

_ _

오늘의 구문

Truth is best, and I want to <u>tell</u> you only what really happened.

동사 tell 뒤에 목적어가 2개 오는 형태의 문장이에요.

and 뒤로 이어지는 문장 구조가 꽤 복잡해서 분석하기 어려운 문장입니다. 주어 I 뒤에 동사 want가 오는 게 큰 틀입니다. 그리고 to부정사 이하가 모두 want의 목적어예요. 그런데 to부정사로 나오는 tell 역시 4형식 문장 구조라서 간접목적어 you와 직접목적어 what really happened가 온 겁니다.

● **내 상황에 맞는 문장으로 바꾸기(tell, 4형식 활용)**

예) Honesty is essential, and I want to <u>tell</u> you only the facts. (정직이 필수이므로 나는 너에게 오직 사실만을 말하고 싶다.)

_ _

● **AI가 알려주는 '오늘의 문장'과 같은 뜻, 다른 문장으로 바꾸기**

▷ The truth is most important, and I intend to tell you exactly what happened.

▷ The truth is what matters most, and I plan to tell you only the facts.

▷ Truth is the best policy, and I plan to tell you only what truly occurred.

● **오늘의 단어** * 오늘 배운 문장에서 어려운 단어가 있다면 정리해보세요.

오늘도,
나는 괜찮은가?

오늘의 문장

Have you been good form to-day?

오늘도 품행이 단정했는가?

#입체적 성격 #메타인지

일 때문에 영상이나 사진 촬영을 하게 되는 경우가 종종 있습니다. 처음에는 잘 몰랐는데 반복적으로 제 얼굴을 보다 보니 정면과 왼쪽 얼굴, 오른쪽 얼굴이 다르더라고요. 어떤 장면에서는 정면만 응시하는 제 모습을 보다가 다른 장면에서 비춰지는 측면의 저를 만나면 생소하기도 해요. 그렇게 평면을 조합해서 입체적으로 보아야 비로소 진짜 제 모습이 나오는 거죠. 비단 외모뿐아니라 제 내면도 마찬가지입니다. 소설 속 인물도 평면적인 인물보다 입체적 인물의 속사정을 잘 이해할 수 있는 것처럼 말이에요. 그래서 우리는 다각도로 인물을 관찰할 필요가 있어요. 평소에 잘 안다고 생각했던 사람도, 나 자신도 마찬가지예요. 이 이야기를 장황하게 하는 이유가 있습니다. "Have you been good form to-day?"라면서 자신의 품행에 대해 성찰하는 인물이 피터 팬이 아니라 후크 선장이기 때문입니다. 후크 선장은 이 소설에서 빌런으로 등장하는데요. 후크 선장에게는 우리가 모르는 과거가 있어요. 후크라는 이름은 본명이 아니었고 그는 유명 공립학교를 졸업한 인재였습니다. 그는 명성과 품위를 중시하는 인물이었기에 자신이 하는 행동에 대해 매번 올바른 행동이었는지 끊임없이 묻습니다. 우리가 아는 후크의 모습과 다르죠? 이렇듯 어떤 인물에 대해 편견을 가지고 보면 안 된다는 교훈을 또 얻어갑니다. 우리는 모두 입체적 인물이므로 한 가지 행동만으로 그 사람을 평가해서는 안 돼요. 상대의 실수를 품어주고, 나를 객관적으로 볼 줄 아는 사람이야말로 진정한 어른이 아닌가 싶습니다.

Have you been good form to-day?

오늘의 구문

Have you been good form to-day?

현재 완료 시제의 의문문이에요.

'have+p.p.'는 동사의 시제 중 현재 완료를 나타내요. 의문문은 'have+주어+p.p.~?'의 어순으로 표현합니다. 단순히 지금 상태가 아니라 오늘의 시작부터 지금까지 즉, 하루 종일 전반을 돌아보는 말로 이해하시면 정확합니다. good form은 사람의 행동이나 상태를 '좋은 상태, 좋은 모습'이라는 의미로 표현하며 today를 to-day로 표현한 것은 '오늘'을 강조하기 위한 문학적 표현이 사용된 겁니다.

● 내 상황에 맞는 문장으로 바꾸기(현재 완료 활용)

예) Have you felt positive today? (오늘 하루 긍정적으로 지냈는가?)

● AI가 알려주는 '오늘의 문장'과 같은 뜻, 다른 문장으로 바꾸기

▷ Have you been on your best form today?

▷ Have you felt in good form today?

▷ Have you been in a good state today?

● 오늘의 단어 * 오늘 배운 문장에서 어려운 단어가 있다면 정리해보세요.

Day60 기억의 끈

Never say goodbye, because saying goodbye means going away, and going away means forgetting.

절대로 안녕이라고 하지 말아요. 왜냐하면 안녕은 떠나는 것을 의미하고, 떠나는 것은 잊는 것을 의미하니까요.

#이별 #망각

피터 팬과 웬디의 이별 장면에서 나오는 대사입니다. 저는 코로나 시국에 아이들을 데리고 농촌 유학을 갔었어요. 도시를 벗어나 시골이라는 공간으로 간 것 자체가 저에게는 웬디가 네버랜드에 방문한 것과 같았어요. 평생을 도시의 아파트에서만 살았던 제가 시골의 전원주택에 살게 된 경험은 그야말로 꿈에 그리던 삶이었습니다. 시골 인심이 좋을 것만 같지만, 그들도 오랫동안 유지되던 본인들만의 세상에 누군가 들어오는 것을 경계하게 마련입니다. 그러다 보니 가까워지고 서로 이해하는 시간이 필요했습니다. 그렇게 서서히 스며들다 보니, 헤어질 즈음에는 서로 무척 아쉬워했습니다. 그러면서 주말마다 오겠노라 터무니없는 선언도 했습니다. 하지만 세상일이 어디 뜻대로 되나요? 한 달에 한 번은커녕 분기별로 한 번 가기도 쉽지 않았습니다. 비록 몸이 멀어지지만, 나의 기억은 영원할 거라던 생각도 어리석었습니다. 1년이 지나고 나니 저는 많은 부분 잊고 있었더라고요. 소중하다면, 잊지 않도록 노력해야 해요. 계절이 바뀔 때 한 번씩이라도 떠올리고, 그 시간을 함께 했던 사람들에게 연락해보세요. 그것만으로도 우리는 기억의 끈을 조금 더 길게 가져갈 수 있을 거예요.

Never say goodbye, because saying goodbye
_ _
means going away, and going away means
_ _
forgetting.
_ _

_ _

_ _

_ _

오늘의 구문

Never say goodbye, because saying goodbye means going away, and going away means forgetting.

이유를 나타내는 접속사 because를 활용하여 원인과 결과를 나타내는 문장이에요.
because 뒤 문장에서 and 앞은 원인, 뒤는 결과를 나타냅니다. '이별은 떠남'을 의미하고 그 결과 '떠남은 잊혀짐'을 뜻한다고 해석합니다.

● 내 상황에 맞는 문장으로 바꾸기(because 활용)
예) Because breaking a promise means losing trust, and losing trust means losing a friend. (약속을 어기는 것은 신뢰를 잃는 것이고, 신뢰를 잃는 것은 친구를 잃는 것을 의미하니까.)

_ _

● AI가 알려주는 '오늘의 문장'과 같은 뜻, 다른 문장으로 바꾸기
▷ Don't say goodbye, because goodbye leads to leaving, and leaving leads to forgetting.
▷ Never say farewell, because saying farewell means moving on, and moving on means forgetting.

● **오늘의 단어** * 오늘 배운 문장에서 어려운 단어가 있다면 정리해보세요.

〈Girl at writing Desk〉 by 프레드릭 칼 프리스크

Chapter 07

키다리 아저씨

Daddy Long Legs

- 진 웹스터

Day61 그런 날이 있다

The first Wednesday in every month was a Perfectly Awful Day.

매달 첫째 수요일은 끔찍하게 싫은 날이었다.

#공감 #배려

저는 every Monday가 지긋지긋하게도 싫어요. 더 정확히 이야기하면 every Sunday night부터가 아닐까 싶기도 하고요. 직장인이라면 누구나 공감하시겠죠? 〈키다리 아저씨〉의 여자 주인공인 주디는 고아예요. 고아원에서는 매달 첫째 수요일에 재정 회의가 열려요. 후견인들이 모여 고아원의 운영을 논의하는 날이에요. 주디가 첫째 수요일을 싫어하는 이유는 이날이 되면 자신이 고아라는 사실을 자각하게 되기 때문이에요. 주디는 비록 고아이지만 평소에는 티가 나지 않을 정도로 밝은 소녀입니다. 우리가 앞에서 만났던 빨강머리 앤과 굉장히 닮아 있는 캐릭터예요. 〈키다리 아저씨〉라는 작품에서는 주디가 키다리 아저씨의 후원을 받아 학교를 다니게 되면서 후원자인 아저씨에게 주기적으로 편지를 써야 한다는 규칙이 있는 설정이에요. 그 편지의 내용을 엮은 책이 바로 〈키다리 아저씨〉죠. 재미있게도 키다리 아저씨는 간접적으로만 등장하는데 작품의 한국어 판 제목은 〈키다리 아저씨〉예요.

주디는 자신이 고아라는 사실을 깨닫는 그날이 무척 싫었지만, 결국 극복해내는 캐릭터입니다. 스스로 자립하지 못하고, 후견인의 도움을 받아야만 하는 자신이 무척 의존적인 것처럼 보여 수요일이면 우울해하곤 했지만 결국 그녀는 상처를 회복합니다. 우리도 월요일이 되면 우울하지만, 출근하면 또 언제 그랬냐는 듯이 하루를 잘 살아내잖아요. 그러니 혹시 오늘 하루가 너무 힘들었더라도 주디처럼 잘 극복해봅시다.

The first Wednesday in every month was a
Perfectly Awful Day.

The first Wednesday <u>in every month</u> was a Perfectly Awful
Day.

반복되는 시점을 나타내는 표현으로 'in every+기간'을 활용해요.
특정 요일이나 시간을 영어로 표현해야 할 때도 있지만, 반복되는 시간을 표현해야 할 때도 있어요. 매주
돌아오는 일이나, 매달 반복되는 사건이 있다면 in every month, in every week라고 쓸 수 있어요. 격주
는 in every other month, in every other week라고 쓰면 됩니다.

● 내 상황에 맞는 문장으로 바꾸기(in every+기간 활용)
예) The first Monday <u>in every month</u> was a Perfectly Busy Day. (매달 첫
째 월요일은 완벽하게 바쁜 날이었다.)

● AI가 알려주는 '오늘의 문장'과 같은 뜻, 다른 문장으로 바꾸기
▷ Every first Wednesday of the month was an absolutely awful day.
▷ The first Wednesday of each month was a truly terrible day.
▷ Each first Wednesday of the month was an entirely bad day.

● 오늘의 단어 * 오늘 배운 문장에서 어려운 단어가 있다면 정리해보세요.

Day62 나를 사랑하는 법

오늘의 문장

I think I am going to like myself.

저는 제 자신을 좋아하게 될 것 같아요.

#하루 #소중함 #위로

맛집이나 여행지가 담긴 타인의 화려한 SNS 계정을 보며 나만 빼고 다들 너무나 잘 산다고 느낀 적 없나요? 제 일상은 특별할 게 없습니다. 아침에 아이들 밥 챙겨 학교 보내고, 집안 청소를 간단히 한 후 일을 합니다. 아이들이 하교하면 또 저녁 식사 준비하기 바쁩니다. 그래서 사실 백화점 구경보다는 마트에서 장을 보는 경우가 더 많고, 방학 때 해외 여행을 가기 보다는 아이들 병원 투어를 하는 일이 더 많았어요. 그래서 주변 사람들의 SNS를 보고 있자면, 자존감이 떨어지는 느낌도 들어요. 그들도 회사를 다니고, 아이를 돌보고, 집안일을 하느라 바쁠 텐데 저보다 다들 부지런해 보이거든요.

SNS는 끊임없이 보는 사람을 작아지게 만듭니다. 그나마 저는 평균보다 조금 더 나은 삶을 부러워하는 정도지만, 주디는 보통 사람들보다 훨씬 열악한 환경이니까요. 굳이 SNS 따위를 보지 않더라도 주변 보통의 사람과 끊임없이 비교가 되어서 자존감이 많이 떨어졌을 겁니다. 자신을 사랑하기도 힘들었겠죠. 그런 주디에게 자신을 사랑할 수 있는 자존감을 선물해준 사람이 바로 키다리 아저씨입니다. 키다리 아저씨의 후원으로 대학에서 공부를 하지 않았다면 자신의 잠재력을 몰랐을 겁니다. 학문적 성취를 이루고 스스로에 대한 자부심을 느끼며 자신을 더 사랑하게 되었다고 말하는 그녀. 너무나 사랑스럽지 않나요? 여러분도 매일 필사를 하는 것처럼 작지만 긍정적인 성취를 경험한다면 스스로를 더욱 사랑할 수 있을 거예요.

I think I am going to like myself.

☞

 오늘의 구문

I think I am going to like myself.

가까운 미래를 나타낼 때 'be going to' 구문을 활용해요.

가까운 미래에 어떤 계획을 가지고 말할 때 우리는 단순 미래시제보다 be going to 구문을 활용해요. 오늘의 문장도 미래에 자신을 대하는 태도에 대한 확신을 갖고 하는 말이라서 will 보다 be going to 형태를 썼어요. 반드시 그렇게 될 것이라는 의지나 의도가 내포된 내용을 전달할 때 활용해보세요.

● 내 상황에 맞는 문장으로 바꾸기(be going to 구문 활용)

예) I think I am going to love my job. (나는 내 직업을 사랑하게 될 것 같다.)

☞

● AI가 알려주는 '오늘의 문장'과 같은 뜻, 다른 문장으로 바꾸기

▷ I believe I will start to like myself.
▷ I suppose I'll begin to like myself.
▷ I think I'm going to feel good about myself.

● 오늘의 단어 * 오늘 배운 문장에서 어려운 단어가 있다면 정리해보세요.

 **경청의 힘**

오늘의 문장

I'm very grateful to you for listening to me.

당신이 제 말을 들어주신 것에 대해 매우 감사해요.

#경청 #집중

아이들은 대체로 길고, 지루한 것을 참지 못합니다. 아주 짧게 핵심만 알려주는 걸 선호하고 그러다 보니 40-50분 정도 진행되는 학교 수업조차 온전히 집중하지 못합니다. 영상으로 간결하게 요약해주는 것은 이해하지만 줄글은 답답해합니다. 주디의 이 말을 뽑은 이유가 바로 여기에 있습니다.

요즘에는 세대와 상관없이 다른 이의 글이나 말에 집중하려고 하지 않습니다. 그래서 제 말을 잘 들어준 사람에게 저 말을 해주고 싶더라고요. 영어로 경청은 active listening이라고 합니다. active는 '능동적'이라는 뜻입니다. 능동적이고 적극적으로 타인의 말을 들으려고 노력하는 것을 경청이라고 하지요. 그러니 얼마나 감사한 일인가요?

저는 종종 도서관이나 관공서, 유튜브 채널을 통해 강연을 합니다. 보통 강연을 마친 뒤에 질문을 받는데요, 놀라운 것은 제가 2시간 내내 그날의 강연에서 이야기한 내용을 묻는 경우입니다. 어쩌다 한 번 나오는 게 아니라 매번 나와요. 제 강의의 문제인가도 생각해보았지만 다른 강사님들과 이야기를 해보니 그게 아니더라고요. 다른 분들 강연에서도 그렇다고 합니다. 본인이 2시간 내내 누구에게 말했나 싶을 정도의 황당한 질문을 많이 받으신다고 해요.

그래서 저는 제 이야기를 경청해주시는 분들께 진심으로 감사드리고 싶습니다. 여러분도 누군가의 이야기를 진심을 다해 적극적으로 들어준다면 아마 상대방이 매우 고마워할 거예요.

I'm very grateful to you for listening to me.

오늘의 구문

I'm very grateful to you for listening to me.

감사하다는 표현은 thank you만 있는 게 아니에요.
'I'm very grateful to you.'는 감사를 표현하는 말이에요. 형용사 grateful(감사한)을 thankful과 바꿔 쓸 수 있어요. 전치사 for 뒤에는 어떤 것에 대해 감사하다는 내용이 오는 것이 일반적입니다. grateful for listening(경청에 대한 감사), grateful for visiting(방문에 대한 감사) 등으로 나타낼 수 있어요.

● **내 상황에 맞는 문장으로 바꾸기(grateful 활용)**
예) I'm very grateful to you for helping me. (저를 도와주셔서 정말 감사해요.)

● **AI가 알려주는 '오늘의 문장'과 같은 뜻, 다른 문장으로 바꾸기**
▷ I'm so thankful for you being there to listen to me.
▷ I appreciate you for listening to me.
▷ I'm grateful to you for lending me your ear.

● **오늘의 단어** * 오늘 배운 문장에서 어려운 단어가 있다면 정리해보세요.

앎의 즐거움

오늘의 문장

This is a word I recently learned.

이것은 제가 최근에 배운 어휘입니다.

#새로움 #지식 #확장

어린이도 아니고 최근에 배운 어휘 하나가 뭐 그리 대단할까 싶을지도 모릅니다. 그런데 여기서 어휘(word)라는 건 '새로운 지식'을 말합니다. 주디는 지금 키다리 아저씨 덕분에 대학에서 공부를 하고 있거든요. 매일매일 새로운 지식을 습득하는 것이 기뻐 아저씨에게 설명하는 겁니다.

저는 외국어를 가르치는 사람이다 보니 새로운 어휘를 배운다는 것을 지식과 세계관의 확장이라고 여깁니다. 우리가 영어를 공부하기 어려운 이유 중에 하나가 어휘를 일대일로 매칭할 수 없기 때문입니다. 가장 흔한 예로 '답답하다', '수고했다', '속 시원하다' 등의 표현이 영어로는 하나의 동사로 해결이 되지 않습니다. 상황에 따라 다르게 표현하거나 풀이해야 하는 경우가 많습니다. 반대로 영어로 한 단어면 되는데 한국어로는 풀어서 설명해야 하는 것들도 있어요. 그래서 그냥 외래어처럼 영어를 섞어 쓰면 한 번에 의미가 통하는 것들이 있죠. 스타일이 독특하다거나, 특이해서 멋지다는 느낌을 나타낼 때 "에지 (edge) 있어"라고 하거나, 상대가 냉소적인 느낌이라고 말하고 싶을 때 "시니컬(cynical)해"라고 말하면 더 전달이 쉬운 것처럼 말이에요.

언어를 배우다 보면 문화와 역사적 배경을 함께 얻게 됩니다. 그러니 어휘를 하나 둘 배우고, 그것을 엮어 문장을 만들고, 문단으로 확장할 수 있다면 지식 확장과 함께 타인에 대한 이해의 폭도 넓어지겠죠. 학습은 고통스러운 것이 아니라 즐거운 과정임을 깨달아야 합니다. 선인들은 이것을 일컬어 이렇게 말했습니다. '앎의 즐거움'이라고.

This is a word I recently learned.

_____

_____

오늘의 구문

This is a word I <u>recently</u> learned.

'최근에'라는 의미일 때 recently를 활용해요.

부사 recently를 쓰면 어떤 특정 행위가 최근에 이루어졌음을 나타낼 수 있어요. 비록 learned는 과거형이지만 그리 시간이 많이 흐르지 않은 상태임을 표현하는 겁니다. word 뒤에 오는 I recently learned가 a word를 수식해주고 있어요.

● 내 상황에 맞는 문장으로 바꾸기(부사 recently 활용)

예) This is a place I <u>recently</u> visited. (이곳은 내가 최근에 방문한 곳이다.)

_____

● AI가 알려주는 '오늘의 문장'과 같은 뜻, 다른 문장으로 바꾸기

▷ This is a word I just learned.

▷ This is a term I recently picked up.

▷ This is a word I learned not long ago.

● 오늘의 단어 * 오늘 배운 문장에서 어려운 단어가 있다면 정리해보세요.

 # 운명에 맞설 용기

오늘의 문장

I have the courage to face any fate.

저는 어떤 운명에도 맞설 용기가 있어요.

#운명 #용기 #경험

고아원을 떠나 대학 생활을 한 지 4년이 지나자 주디는 고아원이 그리워진다고 말해요. 주디는 자신의 결핍이 자신을 여기까지 성장시켰다고 고백합니다. 그러면서 평범한 대학생들은 자신이 행복하다는 것을 깨닫지 못하고 있다고 해요. 고아원이라는 공간을 벗어나 큰물에서 생활하면서 주디는 자신을 바로 보고 타인을 평가하는 눈이 생겼습니다. 지금까지 그랬듯이 앞으로도 자신은 어떤 운명이 와서 괴롭혀도 직면해서 헤쳐나갈 용기가 있음을 이야기합니다. 이게 바로 경험이라는 자산입니다.

만약 실패를 맛보지 못했거나 결핍 없이 자란 친구들이라면 주디가 말하는 평범한 대학생들처럼 자신이 얼마나 행복한지 모를 수 있습니다. 그러다 갑자기 실패를 하게 되면 멘탈은 걷잡을 수 없이 흔들리죠. 경험해본 적 없으니 당연한 겁니다. 인생은 롤러코스터입니다. 오르막이 있으면 내리막이 있는 것이 진리죠. 종류가 다를 뿐 고통의 총량은 아마도 거의 비슷할 거예요. 우리는 그것을 언제 겪어내느냐의 차이가 있을 뿐입니다. 초콜릿 상자에서 쓴 초콜릿을 먼저 집어 먹었다면 우리에게 남은 초콜릿은 맛있는 초콜릿일 확률이 높아요. 하지만 먼저 달콤하고 맛있는 초콜릿을 고른다면 우리에게 남은 것은 쓴 초콜릿일 겁니다. 게다가 먼저 달콤한 것들을 먹은 탓에 더욱 쓰게 느껴질 거예요. 그러니 우리는 담대해져야 해요. 어떤 것이 나와도 잘 직면하고 해결해 나가겠다는 다짐이 필요합니다.

I have the courage to face any fate.

오늘의 구문

I have the courage to face any fate.

긍정문에서도 any를 쓸 수 있어요.

보통 긍정문에서는 some, 부정문이나 의문문에서는 any를 쓴다고 합니다. 하지만 긍정문에서 any를 쓰는 경우도 있어요. 이때는 '어떤 것이든', '모든'의 뉘앙스가 강해요. 오늘의 문장에서도 any fate라고 하면 특정한 운명이라기 보다는 모든 운명에 모두 맞설 용기가 있다는 의미로 해석해요.

● 내 상황에 맞는 문장으로 바꾸기(긍정문 any 활용)

예) You can ask me any question. (당신은 어떤 질문이든 나에게 물어볼 수 있다.)

● AI가 알려주는 '오늘의 문장'과 같은 뜻, 다른 문장으로 바꾸기

▷ I have the will to face any fate.
▷ I have the bravery to face any destiny.
▷ I have the courage to deal with any fate.

● 오늘의 단어 * 오늘 배운 문장에서 어려운 단어가 있다면 정리해보세요.

협업과 소통의 세상

오늘의 문장

I like the way your head works.

나는 당신이 생각하는 방식이 마음에 들어요.

#사고방식 #긍정적 #적극적

your head works라는 표현은 '생각하는 방식이나 사고의 과정'을 의미해요. 특정한 문제를 해결하거나 상황을 분석하는 방식에 대해 칭찬할 때 씁니다. 즉, 문제 해결 능력이나 창의적 사고에 대한 긍정적인 평가를 말해요. 이 말은 주디의 대사가 아니라 키다리 아저씨가 주디를 칭찬한 대목입니다.

주디는 긍정적이고 적극적인 여성입니다. 힘든 상황에서도 자신의 처지를 비관하기 보다는 현재 상황에 최선을 다하고 노력을 통해 학문적 성취를 이루어냅니다. 게다가 후원자와 약속한 대로 꼬박꼬박 편지를 보내는 성실함의 대명사이기도 하지요. 무엇보다 저는 긍정적인 방식으로 문제를 해결해가는 주디가 사랑스럽습니다. 어떤 문제가 발생했을 때 긍정적인 면을 먼저 보는 것은 쉽지 않은 태도입니다. 보통은 부정적인 생각과 불안이 먼저 올라오기 마련인데 그것을 잘 관리한다면 그것만으로도 꽤나 성숙한 인격을 가졌다고 볼 수 있어요.

요즘은 혼자서만 잘한다고 살아남는 세상은 아닙니다. 학교나 직장에서 팀 프로젝트를 피할 수 없어요. 다양한 사람들과 함께 작업을 수행하기 위해서는 다양한 사고에 익숙해져야 합니다. 나와 상대의 방식을 조율하는 과정에서 우리는 또 한 번 성장하고 협업하는 방법을 배웁니다. 상대의 장점을 기꺼이 칭찬할 수 있는 대인의 마음가짐이 필요해요. 상대를 꼭 이길 필요는 없어요. 상대의 생각을 이해하고 서로의 장점을 격려해서 더 강하고 좋은 팀으로 만드는 게 훨씬 지혜롭습니다.

I like the way your head works.
- -

- -

오늘의 구문

I like the way your head works.

work는 '일'이라는 뜻으로만 사용되지 않아요.

명사 work는 '일'이라는 뜻이지만 동사 work는 '일하다' 말고도 '작동하다, 작용하다'라는 의미가 있어요. 오늘의 문장에서 화자가 상대방의 사고방식을 좋아한다는 의미로 쓰인 your head works는 '너의 사고방식이 작동하다'라는 의미로 해석할 수 있어요.

● 내 상황에 맞는 문장으로 바꾸기(work, 작동하다로 활용)

예) Does this app work on all devices? (이 앱은 모든 기계에서 작동하니?)

- -

● AI가 알려주는 '오늘의 문장'과 같은 뜻, 다른 문장으로 바꾸기

▷ I like how you think.

▷ I love how your brain works.

▷ I like the way you process ideas.

● 오늘의 단어 * 오늘 배운 문장에서 어려운 단어가 있다면 정리해보세요.

사소한 변화

Life is monotonous enough at best.

인생이란 잘 되어도 단조롭기 그지없어요.
#본질 #자유의지 #반박

주디의 편지 내용을 읽다 보면 소개하고 싶은 문장들이 너무 많아요. 주디의 편지 소재는 정말 다양해요. 그렇게 역동적인 매일을 보내는 주디지만 반대로 인생의 본질적인 면을 본다면 단조롭기 그지없다는 결론을 내리고 있어요. 사실 틀린 말이 아니죠. 재계 서열 1위의 회장님도 꼬꼬마 초등학생도 하루가 24시간이고, 삼시세끼를 먹는 건 똑같으니까요. 이 문장은 사실 인생에 대한 혜안이기도 하지만 자신의 고아원 생활의 단조로움, 자유롭지 못함을 표현한 문장이기도 합니다. 자유의지가 없다는 것에 대한 거부가 심한 주디였거든요. 반복적이고 규칙에 얽매인 자신의 일상을 싫어했어요. 저는 인생이라는 그래프를 멀리서 본다면 단조로워 보일 것 같아요. 하지만 가까이에서 보면 미세한 차이와 변화로 가득 찬 꽤 복잡한 것이 인생이라고 생각해요. 재계 서열 1위의 회장님과 꼬꼬마 초등학생이 하루에 삼시세끼를 먹는 것은 맞지만 그들의 하루가 같나요? 당연히 다를 거잖아요. 그래서 우리는 인생을 멀리서도, 가까이에서도 볼 필요가 있다고 생각해요. 반복적이고 단조로워 보이는 일상 같아도, 매일매일 작지만 큰 변화를 겪고 있어요. 그런 미세한 변화에 집중하면 내 성장과 변화가 보이기도 할 거예요. 저는 당장 오늘밤에 글을 쓰면서 집어 먹은 간식 덕분에 내일 아침에는 체중에 변화가 생길 것 같네요(웃음). 여러분도 내일은 어떤 변화가 생길지 기대해봅시다.

Life is monotonous enough at best.

Life is monotonous enough at best.

부사 enough는 형용사를 뒤에서 꾸며줘요.

짧은 문장이지만 해석이 어려운 이유는 enough의 위치 때문입니다. 부사 enough는 형용사를 앞이 아닌 뒤에서 꾸밉니다. 그래서 '충분히 단조로운'으로 해석합니다. at best는 '기껏해야', '최선의 상황일 때 조차'라는 의미로 쓰여요.

*monotonous 단조로운

● 내 상황에 맞는 문장으로 바꾸기(부사 enough 활용)

예) This coffee is strong enough for your taste. (이 커피는 너의 입맛에 충분히 진하다.)

● AI가 알려주는 '오늘의 문장'과 같은 뜻, 다른 문장으로 바꾸기

▷ Life is plain enough at its finest.
▷ Life is boring enough even in the best of times.
▷ Life can feel uneventful, even at its peak.

● 오늘의 단어 * 오늘 배운 문장에서 어려운 단어가 있다면 정리해보세요.

 # 콩깍지 유효기간

Even though you do have a lot of faults, I still like you.

저는 당신이 많은 결점을 가졌다고 해도 여전히 당신을 좋아해요.

#장점이 단점됨 #결점 #포용

이 말은 키다리 아저씨에게 주디가 하는 말입니다. 잔소리가 많다는 결점이 있다는 점을 지적하면서도 여전히 신뢰하고 있음을 표현하는 거죠.

여러분은 상대를 볼 때 어떤 걸 중요하게 여기나요? 저는 연애할 때 감정기복이 적고 화를 잘 내지 않는 남편의 모습이 좋았습니다. 그런데 결혼을 하면 그 좋았던 장점들이 이상하게 단점이 되어 돌아옵니다. 검소했던 남친은 자린고비 남편이 되어 간섭을 하고 대인관계가 좋았던 남친은 아빠가 되어도 여전히 친구를 만나느라 귀가가 늦는 것 처럼요. 저희의 경우 감정기복이 적어 화를 안 내는 게 장점이었던 남친은 AI 같은 남편이 되었습니다. 어쩌면 주디도 훗날 저 잔소리가 지겨워질지도 몰라요.

하지만 인간은 애당초 완벽할 수 없어요. 주디의 말처럼 우리는 상대방이 가진 결점도 포용하고 이해하는 것이 사랑이라는 걸 이미 알고 있습니다. 콩깍지가 벗겨져도 여전히 사랑과 존중이 남아 있다면 그런 관계는 오래도록 마음을 나눌 수 있습니다. 사실 상대방도 저와 마찬가지로 콩깍지가 벗겨졌을 거예요. 그럼에도 불구하고 노력하는 것일 테니까요. 오랜 관계는 단점을 '서로' 이해하는 것이 필요하다는 것을 잊지 마세요.

오늘의 문장 따라 쓰기

Even though you do have a lot of faults, I still

like you.

오늘의 구문

Even though you do have a lot of faults, I still like you.

even though는 '비록 ~일지라도'라는 의미를 가져요.

종속접속사 even though는 '비록 ~일지라도', '~에도 불구하고'라는 의미로 쓰이며 although, though 와 바꿔 쓸 수 있는 표현이에요. 앞에 오는 사실이나 상황에도 불구하고 그와 반대되는 결과나 상태인 것을 설명할 때 사용합니다. even though 뒤에는 주어와 동사 형태가 오는 종속절에 해당합니다. 쉼표 뒤에 주절이 옵니다.

● **내 상황에 맞는 문장으로 바꾸기(even though 활용)**
예) Even though you work hard, you don't get enough credit. (비록 당신이 열심히 일을 하지만, 충분히 좋은 평가를 받지 못하고 있다.)

● **AI가 알려주는 '오늘의 문장'과 같은 뜻, 다른 문장으로 바꾸기**
▷ In spite of your flaws, I still like you.
▷ Despite your many faults, I still like you.
▷ Although you have many flaws, I still like you.

● **오늘의 단어** * 오늘 배운 문장에서 어려운 단어가 있다면 정리해보세요.

 **진짜 선물**

오늘의 문장

It was the first time in my life I ever received such a genuine, thoughtful present.

난생 처음으로 받은 진정한, 참된 선물이었어요.

#정성 #선물 #배려 #관심

주디는 크리스마스에 키다리 아저씨로부터 겨울 옷, 털실 양말, 장갑 등의 선물을 받습니다. 이러한 선물들은 주디에게 매우 큰 의미가 있습니다. 주디는 고아원에서 자랐기 때문에 개인적으로 자신만을 위한 선물을 받아본 경험이 거의 없었기에 이 선물들이 그녀에게 진심 어린 배려와 관심을 보여주는 것으로 느껴졌을 겁니다. 주디는 처음으로 자신이 특별한 존재로 여겨진다는 느낌을 받게 됩니다. 이 문장에서 '진정한, 참된 선물'은 단순히 물질적인 것이 아니라, 누군가에게 특별한 감정을 불러일으키고 그녀의 삶에 큰 영향을 미친 선물을 의미합니다.

여러분은 어떤 선물이 기억에 남나요? 저는 몇 가지 떠오르는 게 있는데요. 매년 크리스마스가 되면 우리집 우편함에 도착하는 20년 지기의 크리스마스 카드, 제가 아메리카노가 아닌 라테를 마시던 모습을 기억하며 보내준 라테 교환권, 저를 만나러 오는 길에 지하철에 팔길래 샀다며 건네던 수국 한 송이, 미국에서 장보다가 담았다며 무심히 건네는 핸드크림과 베이글 시즈닝, 여행 중 보내온 책 선물, 생일 축하한다는 메시지와 함께 보내온 작은 케이크. 이 선물들의 공통점은 선물을 준 사람들이 이 말을 하면서 줬다는 점에서 특별합니다. "네 생각이 났어."

It was the first time in my life I ever received

such a genuine, thoughtful present.

It was the first time in my life I <u>ever</u> received such a
genuine, thoughtful present.

경험에 대한 강조는 ever를 쓸 수 있어요.
경험을 나타내는 문장에서 ever는 '지금까지'라는 의미로 강조할 때 써요. never는 어떤 경험이 전혀 없었
다는 뜻으로 역시 강조, 부정의 의미로 쓰입니다.

● 내 상황에 맞는 문장으로 바꾸기(ever 활용)
예) It was the first time in my life I <u>ever</u> ate avocados. (난생처음으로 나는
아보카도를 먹어 봤다.)

● AI가 알려주는 '오늘의 문장'과 같은 뜻, 다른 문장으로 바꾸기
▷ This is the first time I ever got such a special gift.
▷ I've never been given a present like this before.

● 오늘의 단어 * 오늘 배운 문장에서 어려운 단어가 있다면 정리해보세요.

Day70 인생도 체계적으로

오늘의 문장

It's much more convenient to be able to consult your data than to try to keep it all in your head.

머리에 넣으려고 애쓰는 것 보다 데이터를 보관했다가 꺼내 쓰는 것이 훨씬 편해요.

#계획 #J형 인간

많은 여자 주인공들이 멋진 여성으로 성장해가는 스토리 중에는 늘 학문에 정진하는 내용이 나옵니다. 〈빨강머리 앤〉도 그랬고, 뒤에 나올 〈작은 아씨들〉의 주인공 조도 그렇습니다. 주디 역시 많은 부분을 할애하여 대학 수업 이야기를 편지에 쓰곤 합니다. 고전임에도 불구하고 그 시대의 여성상으로는 꽤나 앞서간 게 아닌가 싶습니다. 주디의 이 말은 공부와 독서를 하는 많은 사람들에게 귀감이 되는 현실적인 대사인 것 같아요.

심지어 그 시절보다 지금에 더 적합한 조언 같기도 합니다. 현재는 다양한 학습 도구나 보조 장치들이 많은 시대니까요. 무조건 암기해서 채워 넣기보다는 지식에 체계를 만들어 내용을 저장하는 것을 추천합니다. 그리고 세부 정보 보다는 논리적 구조를 잘 이해하는 것에 매진하는 거죠. 인간의 머리에 집어넣는 것이 한계에 부딪히면 다양한 저장 매체를 통해 저장했다가 꺼내 보면 됩니다. 즉, 단기적으로 무언가 암기하려는 수고보다는 학습이나 지식의 논리적 구조를 이해하고 내용을 머리 속에 분류해놓는 것이 공부를 잘하는 지름길이라는 이야기 같아요.

우리 인생도 마찬가지죠. 내가 중요하게 생각하는 것을 머릿속에 체계적으로 정리하지 않으면 내가 어떤 인생을 살고 싶은지 알 수 없게 돼요. 그러니 나만의 인생 로드맵을 먼저 구축하세요.

It's much more convenient to be able to

_____

consult your data than to try to keep it all in

_____

your head.

_____

_____

_____

_____

오늘의 구문

It's much more convenient <u>to be able to</u> consult your data than to try to keep it all in your head.

능력이나 가능성을 나타낼 때 be able to를 활용할 수 있어요.
주어 it은 가주어이고 진주어는 to부정사를 사용한 to be able to consult your data(데이터를 보관해서 쓸 수 있는 것)입니다. be able to는 능력이나 가능성을 나타내는 조동사 can과 의미가 같아요.

● 내 상황에 맞는 문장으로 바꾸기(be able to 구문 활용)
예) She is able to speak three languages fluently. (그녀는 3개국어를 능숙하게 말할 수 있어.)

_____

● AI가 알려주는 '오늘의 문장'과 같은 뜻, 다른 문장으로 바꾸기
▷ It's easier to check your data than to remember it all.
▷ It's better to access your data than to try to recall it all.
▷ It's simpler to refer to your data than to memorize everything.

● 오늘의 단어 * 오늘 배운 문장에서 어려운 단어가 있다면 정리해보세요.

⟨Girl Picking Flowers⟩ by 리카르드 베르그

Chapter 08

작은 아씨들

Little Women

- 루이자 메이 올컷

 **K장녀**

오늘의 문장

Don't try to make me grow up before my time.

나를 억지로 성장시키려 하지 마세요.

#성장 #배려 #각자의 속도

〈작은 아씨들〉에는 여자 주인공이 무려 4명이나 등장합니다. 첫째 메그(Meg)는 가족을 많이 생각하는 전형적인 맏이의 성격입니다. 둘째 조(Joe)는 독립적인 성격으로 작가를 꿈꿉니다. 셋째 베스(Beth)는 음악을 좋아하지만 홍역을 앓다가 먼저 세상을 떠납니다. 막내 에이미(Amy)는 화가가 꿈인 어린 친구예요. 오늘의 문장은 네 자매 중 가장 독립적인 조의 대사입니다. 자매들의 아버지는 참전 중입니다. 게다가 아버지의 실수로 가정의 경제 사정도 어렵습니다. 그래서 조는 기대와 책임을 일찍부터 지게 됩니다. 그게 부담이었던 조는 엄마께 자신의 속도대로 성장하고 싶다고 말합니다. 여러분은 네 자매 중 어떤 인물과 닮았나요? 저는 전형적인 메그의 성격입니다. K장녀라고 일컫죠. 부모님이 시키는 일을 군말 없이 했습니다. 그러다가 고등학교 때 사춘기가 아주 크게 왔습니다. 원래 조처럼 독립적인 성격인 제가 메그처럼 억눌려 살았으니 그럴 만도 했습니다. 그렇다고 제가 쉬운 딸은 아니었어요. 다만 부모님이 워낙 엄하셔서 기를 못 펴고 지냈던 거죠. 그렇게 큰 아이들은 자신의 이야기나 감정을 차분하고 조리있게 전달하지 못합니다. 결국 감정이 끝까지 차올라야 한 번에 분출해버리죠. 우리는 각자의 속도가 있습니다. 그 속도에 맞게 성장하지 않으면 작은 균열이 결국 언젠가 큰 폭발을 만들어요. 무엇이든 억지로 하는 게 아니라 스스로 해야 자연스러워요.

Don't try to make me grow up before my time.

오늘의 구문

Don't try to make me grow up before my time.

make 동사를 활용한 5형식 문장은 이럴 때 써요.

한국어는 피동이나, 사역동사를 잘 쓰지 않지만 영어에서는 자주 사물 주어의 표현을 씁니다. make 동사를 활용할 때는 주로 "'주어'가 '목적어'를 '보어'처럼 만든다"로 해석합니다. make me grow up은 생략된 주어 you가 me(나를) grow up (성장하게) 만든다로 해석해요.

● 내 상황에 맞는 문장으로 바꾸기(5형식 make 활용)

예) The movie made me cry at the end. (그 영화는 나를 마지막에 울게 만들었다.)

● AI가 알려주는 '오늘의 문장'과 같은 뜻, 다른 문장으로 바꾸기

▷ Don't force me to grow up too quickly.

▷ Don't rush me into becoming an adult.

▷ Don't push me to be mature too soon.

● 오늘의 단어 * 오늘 배운 문장에서 어려운 단어가 있다면 정리해보세요.

Day72

시간은
기다려주지 않는다

오늘의 문장

Time and nature work their will in spite of us.

시간과 자연은 우리의 의지와 상관없이 그들의 뜻을 따른다.

#시간 #자연 #인간 #삶의 진리

원래 "Time and tide wait for no man(시간과 조수는 아무도 기다려주지 않는다)."
라는 말이 있습니다. 여기서 조수는 한자로 밀물과 썰물을 말하는데, 영어로
는 tide라고 해요. 즉, 자연 현상(nature) 중 하나를 언급함으로써 '시간'과 '자
연'은 인간을 기다려주지 않는다는 의미로 해석할 수 있어요. 인간은 가끔 우
리가 가장 뛰어나다고 착각합니다. 하지만 거대한 자연 앞에서 인간은 그저
미물에 불과해요. 〈작은 아씨들〉에서도 이 문장은 죽음을 앞둔 베스를 지켜
보며 나온 말입니다. 인간은 결국 시간과 자연의 흐름에 순응하며 살아가야
하는 존재라는 거지요. 그러나 절대 잊지 말아야 할 것 중 하나가 '희망'이기
도 합니다. 희망이 없다면 우리는 시간과 자연의 힘 앞에 그저 좌절하고 굴복
하는 회의론자가 되어 버릴 수도 있거든요. 어떤 걸 해도 소용없다고 자포자
기하는 모습이 아니라 그 안에서 희망을 찾고 현재를 살아가려는 태도는 꼭
필요합니다. 헬렌 켈러처럼 타고난 장애를 극복하고 작가이자 강연가로 많은
사람들에게 영감을 준 사람들을 희망이라는 단어 말고 무엇으로 설명할 수
있을까요? 그들은 자연의 제약을 뛰어 넘는 인간의 의지를 보여주었고 그 바
탕에는 희망이 있었습니다. 자연은 위대하고 감히 도전할 수 없는 대상이지
만 절망 속에서 수동적으로 사는 것 역시 옳은 태도는 아닙니다. 겸손하지만,
늘 희망을 품고 사는 사람이 되면 좋을 것 같아요.

Time and nature work their will in spite of us.

Time and nature work their will <u>in spite of</u> us.

in spite of는 두 가지 상반되는 상황을 연결할 때 사용돼요.
in spite of는 '~에도 불구하고', '~와 상관없이'라는 뜻의 전치사구예요. 앞 문장과 상반되는 이야기 또는
예상 밖의 결과를 연결할 때 쓸 수 있어요. 전치사구이므로 뒤에는 명사나 동명사만 올 수 있어요. 문장은
올 수 없다는 점을 주의하세요.

● 내 상황에 맞는 문장으로 바꾸기(in spite of 활용)
예) They succeeded <u>in spite of</u> the challenges. (그들은 어려움에도 불구하고
성공했다.)

● AI가 알려주는 '오늘의 문장'과 같은 뜻, 다른 문장으로 바꾸기
▷ Time and nature move forward regardless of our wishes.
▷ No matter what we do, time and nature follow their course.
▷ We can't control time and nature; they follow their own path.

● 오늘의 단어 * 오늘 배운 문장에서 어려운 단어가 있다면 정리해보세요.

오늘의 문장

I'd rather do it than talk about it.

그것에 대해 말하는 대신 그것을 실행하고 싶어.

#실행력 #말보다 실천

"내일부터 다이어트 해야지." "내일부터 공부 시작할 거야." 어디서 많이 들어본 말 아닌가요? 살면서 스스로 한두 번 이상은 말하지 않았나요? 없다면 인간미가 없네요(웃음). 저는 자주 했던 말이라고 부끄럽지만 고백합니다.

어떤 일을 할 때 말보다 실천이 중요하죠. 말이 앞서는 사람은 실속이 없다고 제가 앞에도 이야기했었어요. "I ought to have judged by deeds and not by words(나는 말이 아니라 행동을 보고 판단해야 해)."라는 어린 왕자의 말도 기억나시죠? 무엇이든 말은 쉽지만 행동은 어렵습니다. 말로 조언하기는 쉽지만 행동으로 실천하며 모범을 보이기는 어렵고요. 아무리 결심을 해도 실천하기는 너무 어렵죠. 심리학자들은 이를 꾸물거림(procrastination)이라고 부릅니다. 원인은 완벽주의나 동기 부족, 불안 등 다양합니다.

TED에서 팀 어번(Tim Urban)은 꾸물거리는 사람들은 마감 기한이라는 패닉 괴물(panic monster)이 나타나야 비로소 움직인다고 말했습니다. 문제는 마감 기한 없는 운동이나 책 읽기 같이 혼자 하는 약속은 한없이 미룬다는 겁니다. 이런 사람들은 순간적인 만족감을 주는 적절한 보상이 필요합니다. 운동이나 독서는 단기간에 성과가 나지 않는 일이므로 자신이 좋아하는 것들로 즉각적인 보상을 주면서 작은 성취부터 경험하는 것이 좋다고 합니다. 우리도 오늘부터는 말만 하지 말고 무언가를 실천해보면 어떨까요? 나를 위한 작은 보상은 무엇이 좋을지도 궁리해보고요.

I'd rather do it than talk about it.
_____

_____

오늘의 구문

I'd rather do it than talk about it.

would rather A than B는 더 선호하는 것 또는 더 나은 것을 표현할 때 써요.
오늘의 문장에서 'd는 would의 줄임말입니다. would rather A than B는 'B하기보다 A하는 게 낫다'라
는 뜻으로 A와 B에는 동사원형을 씁니다.

● 내 상황에 맞는 문장으로 바꾸기(rather A than B 활용)
예) I'd rather take the bus than drive. (나는 운전하는 것보다 버스를 타는 것이
나아.)

_____

● AI가 알려주는 '오늘의 문장'과 같은 뜻, 다른 문장으로 바꾸기
▷ I'd prefer to do it rather than discuss it.
▷ I'd rather take action than just discuss it.

● 오늘의 단어 * 오늘 배운 문장에서 어려운 단어가 있다면 정리해보세요.

Day 74 가치의 밸런스

오늘의 문장

There's never any end to the worry about money.
돈에 대한 걱정은 끝이 없어요.
#하루 #소중함 #위로

자본주의 국가에 살면서 돈 걱정 없는 사람이 있을까요? 우리가 대학 진학과 취업을 고민하는 것도 결국은 돈을 많이 벌고, 좋은 집, 차를 사기 위한 열망이 있기 때문 아닐까요? 메그는 부유한 사람들의 걱정에 대해 이야기하면서 돈 걱정은 부자나, 자신처럼 가난한 사람이나 다를 게 없다는 이야기를 합니다. 많으면 많을수록 더 많은 욕심이 생기는 것이 인간의 욕망이긴 하죠. 지금 천만 원만 있으면 좋겠다고 생각하다가도 막상 천만 원이 생기면 1억은 있어야지 싶겠지요. 그러다 1억이 생기면 어떨까요? 1억은 애매하고 10억은 있어야겠다면서 욕심이 점점 불어날 겁니다. 즉, 메그는 부자나, 가난한 사람이나 돈 걱정하는 것은 마찬가지이니 우리가 가치 있게 고민할 만한 문제가 아니라는 뜻으로 말한 겁니다. 많든 적든 늘 하는 고민이라면 뭣하러 거기에 시간을 쓰겠어요?

다시 말해 눈에 보이는 물질적인 것에 대한 고민은 끝이 없으니 우리는 스스로의 만족감에 대한 가치를 중요하게 여겨야 한다는 뜻으로 짐작해볼 수 있어요. 요즘 광고 등에서 부자라는 사람들이 하는 이야기는 대부분 소비를 부추깁니다. 이는 더 많은 돈을 벌어야 한다는 압박감을 주며 끊임 없이 채찍질합니다. 하지만 건강, 가족, 취미 등 돈으로 따질 수 없지만 삶에서 중요한 것이 분명 있지요. 돈이 중요하지 않다는 말은 아니지만 보이는 것과 보이지 않는 가치의 균형을 맞추는 것 역시 중요할 겁니다.

There's never any end to the worry about money.

- -

- -

오늘의 구문

There's never any end to the worry about money.

there's never end~는 '결코 끝이 없는'이라는 뜻이에요.
'끝이 없다'라는 말을 다양한 방식으로 표현할 수 있는데 There's never end라고도 쓸 수 있어요. 오늘의 문장에서는 돈에 대한 걱정에 끝이 없다는 걸 나타내요.

● 내 상황에 맞는 문장으로 바꾸기(there's never end 활용)
예) There's never any end to the curiosity about the universe. (우주에 대한 호기심에는 결코 끝이 없어요.)

- -

● AI가 알려주는 '오늘의 문장'과 같은 뜻, 다른 문장으로 바꾸기
▷ Money worries never go away.
▷ The worry about money never seems to end.
▷ Money is a never-ending source of worry.

● 오늘의 단어 * 오늘 배운 문장에서 어려운 단어가 있다면 정리해보세요.

선한 영향력

It's much better to give than to receive.

받는 것보다 주는 것이 훨씬 나아.

#주는 것 #받는 것 #이익의 총량

인생의 기브 앤 테이크(give and take)가 명확하다지만 저는 그래도 조금 손해 보는 편이 마음 편한 것 같습니다. 결국 내게 돌아오는 유익의 전체 크기는 크게 다르지 않을 거라고 생각하기 때문이죠.

기회가 되어 심폐소생술 교육을 받은 적이 있습니다. 큰아이 학교에서 무료로 해주셨는데 그 때 강사님이 말씀하셨어요. 살면서 심폐소생술을 직접 해야 할 순간이 올는지 모르지만 만약에 온다면 모르는 사람일지라도 꼭 해주라고. 그래야 내 가족이나 주변에 누군가 위험에 처했을 때 나도 도움 받을 확률이 높다고요. 이것도 사실 같은 맥락입니다. 내가 누군가에게 베푼 것이 꼭 나에게 직접적으로 돌아오기는 어렵습니다. 그러나 내가 간접적으로 행한 선행이 나에게 직간접적으로 영향을 미치기도 하고, 내 가족이나 주변 사람에게 선한 영향력으로 되돌아오기도 하니까요. 그래서 우리는 늘 '착하게 살아야 한다'라는 말을 새기며 살아야 하는 것 같습니다. 〈작은 아씨들〉 속 네 자매의 어머님이 말한 위 문장은 결국 우리의 엄마들이 언제나 저희들에게 하시는 말씀과 크게 다르지 않습니다. 당장 조금 손해보는 것 같지만 인생 전체로 보면 손해의 크기가 다르지 않을 테니 언제나 받는 것보다 주는 것에 더욱 신경을 쓰면서 살아가라는 충고입니다. 조금이라도 손해보기 싫어서 머리 쓰다 큰코 다치는 사람을 본 적이 있다면 더욱 공감하실 겁니다. 우리도 너무 작은 손해에 집착하지 않기로 해요.

It's much better to give than to receive.

_ _

_ _

오늘의 구문

It's much better to give than to receive.

비교급을 강조하는 건 very가 아니라 much예요.

형용사를 강조할 때 우리는 very, so 등을 써요. very pretty 처럼요. 그러나 비교급인 prettier를 강조할 때는 much를 써서 much prettier라고 표현해요. much 대신 쓸 수 있는 부사는 far, a lot, even 등이 있어요.

● 내 상황에 맞는 문장으로 바꾸기(비교급 강조 부사 much 활용)
예) It's much better to read than to watch TV. (TV를 보는 것보다 책을 읽는 것이 훨씬 나아.)

_ _

● AI가 알려주는 '오늘의 문장'과 같은 뜻, 다른 문장으로 바꾸기
▷ It's more rewarding to give than to get.
▷ It's better to be a giver than a receiver.
▷ It's more satisfying to help others than to be helped.

● 오늘의 단어 * 오늘 배운 문장에서 어려운 단어가 있다면 정리해보세요.

이 또한
지나가리라

오늘의 문장

Like all happiness, it did not last long.

모든 행복이 그렇듯이 행복한 순간들은 그리 오래가지 않았다.

#지속성 #견디는 마음

예민한 대고모의 성격 탓에 조용히 책을 읽는 호사가 끝나버리자 푸념하는 조의 상황을 묘사한 표현이에요.

이야기 전개에서 심각한 표현은 아니었지만 저는 이 문장을 읽고 떠오른 표현이 있었어요. "이 또한 지나가리라." 사실 이 말을 처음 제 마음에 새겼을 때는 정말 힘든 일을 겪고 있을 때였습니다. 그래서 이 말이 참 위안이 되었던 것 같아요. 그런데 나중에 한 선배가 "그 말은 힘들 때만 쓰는 게 아니야. 아주 아주 좋은 일이 생겼을 때도 마찬가지라는 걸 늘 기억해야 해"라고 하셨어요. 생각해보니 조금 슬픈 이야기지만 우리의 행복 역시 결국 지나가는 거더라고요. 다음에 닥칠 인생의 또 다른 페이지를 언제나 준비하고 있어야 한다는 걸 그 선배를 통해 알게 되었습니다.

우리는 큰 고통이나 슬픔이 오더라도 끝이 있다는 걸 염두하고 희망을 잃지 말아야 해요. 반대로 큰 행운이 왔을 때도 자만하거나 교만하지 않아야 합니다. not last long은 지속되지 않는다는 의미로 '일시적'이라고 이해할 수 있어요. 슬픔과 기쁨의 일시성은 우리 삶의 균형을 찾게 해줍니다.

행복이 곧 지나가긴 하겠지만 그 행복한 순간을 온전히 즐기며 잘 간직한다면 우리 삶은 여전히 가치 있을 거예요. 슬픔도 마찬가지예요. 잘 다독여서 보낼 수 있다면 그만큼 우리는 성장한 거니까 다음에 다가올 비슷한 종류의 고통과 어려움은 조금 수월하고 지혜롭게 보낼 수 있겠지요.

Like all happiness, it did not last long.

Like all happiness, it did not last long.

last는 동사, 형용사, 명사, 부사로 사용될 수 있어요.

last는 익숙한 어휘이지만 품사에 따라 뜻이 다양해요. 형용사, 부사, 명사로는 모두 '마지막'이라는 뜻이지만 오늘의 문장에서처럼 동사로 쓰일 때는 '지속되다'로 쓰여요. not last long은 '오래 지속되지 않다'라는 뜻이죠.

● 내 상황에 맞는 문장으로 바꾸기(동사 last 활용)

예) The meeting lasted for two hours. (회의는 두 시간 동안 지속되었다.)

● AI가 알려주는 '오늘의 문장'과 같은 뜻, 다른 문장으로 바꾸기

▷ Just like any happiness, it faded quickly.
▷ Like all good things, it didn't stay for long.
▷ It didn't last long, just like all happiness.

● 오늘의 단어 * 오늘 배운 문장에서 어려운 단어가 있다면 정리해보세요.

 **오래된 습관**

오늘의 문장

I've been trying to cure it for a long time.

나는 그것을 고치려고 오랫동안 노력해왔어.

#미루지 않는 법 #포기하지 않기

이 문장은 막내 에이미의 말이에요. 앞 문장을 살펴보면 여기서 말하는 it(그것)은 그녀의 이기적이고 급한 성격(selfish and bad-tempered)을 말해요. 에이미는 자신의 단점을 알고 오랫동안 고쳐보려 노력했지만 여전히 어렵다는 걸 고백합니다.

특히나 타고난 기질이나 오래된 습관은 더더욱 고치기가 어려워요. 우리말 속담에도 '세 살 버릇 여든까지 간다'라는 말이 있잖아요. 요즘은 바뀌어서 여든이 아니라 백이십 살까지 간다고 하네요. 저에게도 백이십 살까지 갈까 걱정인 나쁜 습관이 하나 있습니다. 바로 정리정돈을 잘 못한다는 겁니다. 이 습관이 잘 안 고쳐져서 책도 사보고, 유튜브에 정리정돈 콘텐츠도 엄청나게 시청했습니다. 그런데 남이 정리하는 걸 보는 것과 제가 직접 정리하는 건 다른 일이더라고요. 기한이 있는 일이 아니니 꾸물거리게 됩니다. 정리정돈에 소질이 없으니 의식적으로 피하게 되고, 피하다 보니 쌓이죠. 쌓인 걸 보면 해야 할 게 많아서 다시 포기하게 되는 악순환입니다.

모든 일이 다 그렇지만 크게 곪기 전에 해결해야 하고, 어떤 것을 좋아해야 지속할 수 있습니다. 그럼 저는 언제쯤 정리정돈을 좋아하게 될까요? 오즈의 마법사님께 요청하고 싶네요. 뇌, 심장, 용기 대신 저는 정리정돈의 기술을 달라고. 오늘은 우리 스스로의 나쁜 습관을 어떻게 하면 고칠 수 있는지 함께 고민해봅시다.

I've been trying to cure it for a long time.
--- --- --- --- --- --- --- --- --- --- ---

--- --- --- --- --- --- --- --- --- --- ---

오늘의 구문

I've been trying to cure it for a long time.

무언가 계속 해오고 있다는 걸 표현하기 위해서는 현재 완료 진행형을 써요.
현재 완료 진행형은 과거에 시작된 행동이 현재까지 계속되고 있거나 최근에 끝났음을 나타낼 때 사용하는 시제예요. 현재 완료와의 차이점은 현재 완료는 현재 시점에 완료된 상태나 결과를 강조하는 반면, 현재 완료 진행형은 행동이 지속되고 있는 과정이나 경과된 시간을 강조합니다.

● 내 상황에 맞는 문장으로 바꾸기(현재 완료 진행형 활용)
예) We have been waiting for you for two hours. (우리는 두 시간 동안 너를 기다리고 있어.)

--- --- --- --- --- --- --- --- --- --- ---

● AI가 알려주는 '오늘의 문장'과 같은 뜻, 다른 문장으로 바꾸기
▷ I've spent a long time trying to cure it.
▷ I've been working on healing it for a while.
▷ I've been attempting to heal it for a long time.

● 오늘의 단어 * 오늘 배운 문장에서 어려운 단어가 있다면 정리해보세요.

Day 78

질문과
대답 사이

> **오늘의 문장**
>
> If he is old enough to ask the question, he
> is old enough to receive true answers.
>
> 그런 질문을 할 수 있을 만큼 철이 들면 진정한 대답도 받아들일 수 있겠지요.
>
> #철학 #질문 #대답

메그와 남편 존 사이에서 태어난 데이지와 데미 쌍둥이는 귀여움을 독차지하고 있었습니다. 데미는 종종 할아버지와 철학적인 질문도 주고 받았는데요. 그의 나이 고작 서너 살밖에 되지 않았지요. 할머니가 보기에 할아버지와 너무 어려운 대화를 주고 받는 게 아닌가 싶어 참견을 하자, 할아버지가 그런 질문을 할 수 있을 정도로 철이 들었다면 진정한 대답도 받아들일 수 있을 거라고 답합니다. 즉, 상대방이 아무리 어려도 이해할 수 있는 범위에서 최대한 진실되게 이야기해줘야 한다는 것이 할아버지의 생각인 겁니다. 그것은 곧 존중과 신뢰로 연결됩니다. 아무리 아이지만 그들이 궁금한 걸 물었을 때는 지적 성장과 이해 능력을 믿고 가능한 한 정직하게 대답해야 합니다. 물론 동심을 꺾지 않는 선에서겠지요? 간혹 어리거나 경험이 없다고 그들의 자존심까지 무시할 때가 있습니다. 비단 나이만이 아니라 사회적 지위나 경제적 상태에 따라서도 사람을 가르는 행위가 우리 사회에서 비일비재합니다. 선배가 신입에게, 고용주가 피고용인에게 하는 이런 갑질은 당연한 행위가 아니라 선을 넘는 권력을 행사한 것입니다. 이런 배경은 혹시 우리가 어렸을 때부터 어른들에게 들었던 '애들은 몰라도 돼'라는 존중 없는 말에 있는 것이 아닐까 싶은 생각이 들었습니다. 〈작은 아씨들〉 이야기를 읽다 보면 종종 뜨끔할 때가 많은데 이 구절도 어른으로서 아이를 대하는 태도를 진지하게 돌아보도록 만들었습니다.

If he is old enough to ask the question, he is

----

old enough to receive true answers.

오늘의 구문

If he is <u>old enough</u> to ask the question, he is <u>old enough</u> to receive true answers.

enough는 형용사를 뒤에서 수식해요.

enough는 형용사를 뒤에서 수식한다고 해서 후치수식이라고 불러요. 그 예로 big enough(충분히 큰), smart enough(충분히 똑똑한)처럼 써요. 도치는 주어와 동사 등의 자리가 이동하는 것이고 후치는 뒤에서 수식하는 것이므로 둘의 차이를 구분할 필요가 있어요.

● 내 상황에 맞는 문장으로 바꾸기(형용사 + enough 후치수식 활용)

예) The room is <u>big enough</u> for all of us. (이 방은 우리 모두가 있을 만큼 충분히 크다.)

● AI가 알려주는 '오늘의 문장'과 같은 뜻, 다른 문장으로 바꾸기

▷ If he can ask the question, he deserves an honest answer.

▷ If he can voice the question, he can handle the truth.

▷ If he's ready to ask, he's ready to hear the real answer.

● 오늘의 단어   * 오늘 배운 문장에서 어려운 단어가 있다면 정리해보세요.

최선이 늘
최고는 아니다

오늘의 문장

Talent isn't genius, and no amount of energy can make it so.

재능이 곧 천재성은 아니며, 아무리 많은 노력도 그것을 천재로 만들 수는 없어.
#재능과 노력 #더 중요한 것

미술을 전공한 막내 에이미가 유학을 다녀온 뒤 미술계의 환경과 자신의 그림 솜씨에 실망해서 이 말을 합니다. 애매한 재능보다 더 큰 저주는 없다고 하죠. 이 대사와 너무 일맥상통하는 것 같습니다. 애매한 재능이란 보통 사람들이 가진 재능의 수준보다는 높지만, 경지에 오를 정도로 눈에 띌만한 재능은 아닌 것을 말합니다. 아무래도 예체능 분야에서 재능의 여부를 따지는 경우가 많은데 노력만으로는 일정 수준 이상을 뛰어 넘기 어려운 분야라 그런 것 같아요. 게다가 이런 예체능 분야는 1위가 아니면 그것을 직업으로 삼기까지 좌절을 많이 경험하게 되거든요. 그 압도적인 1위를 하려면 탁월함이 필요합니다. 그런데 사람들이 아무도 이런 말을 안 해줍니다. 노력을 하면 못할 것이 없다고만 해요. 그래서 타고난 재능이 모자라 경지에 이르지 못하는 것까지도 개인의 노력 부족으로 치부해버리는 경우가 있습니다.

사실 공부도 마찬가지입니다. 일정 수준 이상의 두뇌를 가지고 태어난 사람들이 확실히 유리한 고지에 있지요. 고학력의 우수한 인재들을 회사에서 선호하는 이유도 이런 타고난 재능을 일부 인정하고 있기 때문입니다. 그런데 우리는 어떤 분야든 재능의 가능성은 배제하고 노력을 안 했다고만 합니다. 그게 더욱 질책이 됩니다. 누군가 최선을 다했지만 도저히 안 되겠다면 언제든지 더 잘 맞는 다른 길을 찾는 것이 좀 더 자연스러워지면 좋겠어요.

오늘의 문장 따라 쓰기

Talent isn't genius, and no amount of energy
- -
can make it so.
- -

- -

- -

오늘의 구문

Talent isn't genius, and no <u>amount of</u> energy can make it so.

amount of는 양을 나타내는 표현이에요.

amount of는 주로 셀 수 없는 명사와 함께 사용되어 특정한 양이나 정도를 나타낼 때 쓰입니다. 셀 수 있는 명사는 number of와 함께 씁니다.

● **내 상황에 맞는 문장으로 바꾸기(amount of 활용)**

예) He experienced a large <u>amount of</u> stress during the exam. (그는 시험 동안 많은 스트레스를 겪었다.)

- -

● **AI가 알려주는 '오늘의 문장'과 같은 뜻, 다른 문장으로 바꾸기**

▷ Having talent doesn't make you a genius, and no amount of effort can change that.
▷ Talent doesn't equal genius, and no amount of energy will transform it.
▷ Talent alone is not genius, and no amount of hard work can make it so.

● **오늘의 단어** * 오늘 배운 문장에서 어려운 단어가 있다면 정리해보세요.

시간의 가치

오늘의 문장

Have regular hours for work and play, and prove that you understand the worth of time.

일과 놀이를 규칙적으로 하고 네가 시간의 가치를 이해하고 있음을 증명하렴.

#시간 #여가의 중요성

작은 아씨들의 엄마인 마치 부인이 네 명의 딸들에게 시간에 대해 조언하는 내용입니다. 뒷문장까지 함께 읽어보자면 규칙적으로 생활하면서 시간의 가치를 이해하면 청춘은 즐겁고, 노년은 후회가 없을 것이며 부족하더라도 아름다운 성공을 이룰 거라고 말합니다.

제가 회사를 다닐 때 오후 5시 55분 정도가 되면 주변이 어수선해집니다. 다들 퇴근을 준비하는 겁니다. 일뿐만 아니라 놀이도 생산성을 높이는 데 중요한 역할을 한다는 걸 알고 있으니까요. 재충전의 기회를 통해 더 나은 집중력과 창의성을 발휘할 수 있기 때문입니다.

시간 관리를 주도적으로 하는 것은 매우 중요합니다. 나의 시간을 가치 있게 쓰고 균형 있게 배분할 줄 알아야 합니다. 그러기 위해서는 먼저 우선 순위를 정해서 매순간 미루지 말고 현명한 결정을 내려야 합니다. 마지막으로 시간 활용법을 돌아보고 부족한 부분은 보완해야 합니다. 시간의 가치를 안다는 건 실천까지를 포함하는 거니까요.

마치 부인은 참 현명한 사람입니다. 딸들에게 시간에 대해 이런 가이드를 주다니요. 하지만 우린 이미 성인이니 누군가 말해주지 않아도 깨달아야 합니다. 시간을 잘 쓰면 성공과 멀어지려야 멀어질 수 없다는 사실을요.

Have regular hours for work and play, and
- -
prove that you understand the worth of time.
- -

- -

- -

오늘의 구문

Have regular hours for work and play, and prove that you understand the worth of time.

'~의 가치'라는 표현은 the worth of~를 써요.
어떤 사물이나 개념 또는 행위가 갖는 중요성이나 의미를 강조할 때 사용되는 말로 '~의 가치'라는 표현을 써요. the worth of ~ 뒤에는 셀 수 없는 명사 또는 추상적인 가치가 올 수 있어요.

● 내 상황에 맞는 문장으로 바꾸기(the worth of 활용)
예) The worth of patience cannot be underestimated. (인내의 가치는 과소평가 될 수 없다.)

- -

● AI가 알려주는 '오늘의 문장'과 같은 뜻, 다른 문장으로 바꾸기
▷ Set a regular schedule for work and play, and show that you value time.
▷ Maintain consistent hours for work and leisure, and prove you respect time.

● 오늘의 단어 * 오늘 배운 문장에서 어려운 단어가 있다면 정리해보세요.

〈White Rabbit with Herald's Costume〉 by 윌리엄 페넬로우 헨더슨

이상한 나라의 앨리스

Alice in Wonderland

- 루이스 캐럴

어제와 오늘의 차이만큼 성장한다

It's no use going back to yesterday, because I was a different person then.

어제로 돌아가는 건 소용없어, 왜냐하면 그때 나는 다른 사람이었으니까.

#어제의 나 #오늘의 나 #성장

앨리스는 아직도 너무나 사랑받는 캐릭터 중에 하나예요. 그런데 막상 이 책의 원문을 읽다 보면 난해한 구석이 많다는 걸 느낍니다. 어린이 책으로는 발견하지 못했던 내용이 펼쳐져 이 책이 말하고자 하는 것이 무엇인지 간파하는 데까지 시간이 꽤 걸립니다. 작가의 상상력과 창의력의 결정체를 이 책에 담았기 때문이죠. 저는 〈이상한 나라의 앨리스〉에서 앨리스를 통해 작가가 독자들에게 전달하고자 하는 메시지를 '성장'으로 뽑고 싶어요. 앨리스는 토끼를 따라 이상한 나라에 가게 되면서 몸집이 커졌다가 작아지기도 하고, 비상식적인 일을 겪기도 합니다. 그 과정에서 앨리스는 깨닫습니다. 진짜 자기자신이 누구인지, 진짜 내 모습이 무엇인지 말이죠. 본인이 겪은 기상천외한 일을 곱씹으며 무엇이 정상이고 무엇이 비정상인지 되새기면서 성장하는 거죠. 제가 뽑은 오늘의 문장이 그걸 잘 설명해줍니다. 어제와 오늘의 내가 다르다는 건 딱 그만큼의 차이만큼 성장했다는 것을 의미합니다.

우리나라는 경쟁사회입니다. 어릴 때부터 좋은 대학을 위해 경쟁하고 상대적으로 평가받습니다. 이는 삶의 기준을 자신보다 남에게 둔다는 것을 의미하죠. 남과 경쟁을 하다 보면 때로는 내 능력이 훨씬 자라나는 성취를 할 때도 있지만, 좌절을 더 많이 경험하게 될 수도 있어요. 그럴 때 우리는 남을 보지 말고 어제의 나와 오늘의 나를 비교하면서 좀 더 나아진 나를 칭찬합시다. 조금 느리지만 어제의 나와 비교하며 앞으로 나아가는 건 어떨까요?

It's no use going back to yesterday, because I
was a different person then.

오늘의 구문

It's no use going back to yesterday, because I was a different person then.

It is no use ~ing는 '~해도 소용없다'는 뜻이에요.

'It is no use ~ing'는 관용적인 표현으로 '~해도 소용없다, 쓸모 없다'라는 걸 나타내고 싶을 때 쓰는 표현이에요. It은 가주어로 진주어는 going back to yesterday입니다. 즉, 어제로 돌아가 봐야 소용이 없다는 의미가 되는 거예요.

● 내 상황에 맞는 문장으로 바꾸기 (It is no use ~ing 활용)

예) It's no use crying over spilled milk. (엎질러진 우유 앞에서 울어봐야 소용 없어.)

● AI가 알려주는 '오늘의 문장'과 같은 뜻, 다른 문장으로 바꾸기

▷ It's useless to think about yesterday; I have changed since then.
▷ There's no benefit in going back to yesterday; I've changed.
▷ It's not worth going back to yesterday, as I've become someone else.

● 오늘의 단어 * 오늘 배운 문장에서 어려운 단어가 있다면 정리해보세요.

 **'나'라는 퍼즐**

오늘의 문장

Who in the world am I? Ah, that's the great puzzle.

도대체 나는 누구일까? 아, 그것이 큰 수수께끼야.

#정체성 #대리만족 #공감

제가 즐겨 보는 유튜브 브이로그 채널이 있어요. 혼자 자취하는 20대 여성분의 채널인데 집밥 해먹는 이야기예요. 제 20대를 생각하면 과일 하나 제대로 못 깎던 대학생이었는데 말이에요. 일면식도 없는 그분의 브이로그를 보고 있다 보면 문득 '이게 왜 재미있지?' 하는 생각이 들 때가 있어요. 아는 사람도 아니고, 그렇다고 대단히 특별한 일상도 아닌데 말이에요. 그런데 저뿐 아니라 많은 사람들이 이런 콘텐츠를 소비하고 있더라고요. 무엇 때문일까요? 가장 먼저 떠오른 건 '대리만족'이었습니다. 제 20대의 허송세월 대신 그분의 알찬 하루를 보면서 대리만족 하는 거죠. 비슷한 또래의 구독자들이 얻는 유익은 아무래도 '공감'이겠죠?

대리만족은 일종의 자기반성 같아요. 나의 지난 날이나 현재의 내 모습 중에 충분히 성실하지 못한 모습을 타인의 성실함으로 대신 채우는 느낌이랄까요? 공감은 내 모습과 닮은 구석뿐 아니라 나만 실수하는 게 아님을 알게 될 때 오는 안도감도 있는 것 같고요. 결국 대리만족과 공감은 모두 나를 돌아보는 과정입니다. 우리는 모두 스스로 빛나고 싶어하는 존재예요. 그리고 내가 누구인지 끊임없이 찾고, 알아내고 싶어합니다. 하지만 그게 쉬운 과정은 아니잖아요. 그러다 보니 타인을 통해 나를 발견하려는 것 같아요. 이게 바로 큰 수수께기 아닐까요? 퍼즐 조각처럼 흩어진 모습을 나와 타인의 시선으로 차근차근 맞추면 자신이 누군지 알게 될 거예요.

Who in the world am I? Ah, that's the great
- -
puzzle.
- -

- -

오늘의 구문

Who in the world am I? Ah, that's the great puzzle.

문장 중에 '도대체'라는 말로 강조하고 싶을 때는 in the world를 써보세요.

말을 하다 보면 이해가 안 되거나, 강조하고 싶은 부분에서 '도대체'라는 말을 쓸 때가 있어요. 영어에서는 이 표현을 in the world 또는 on earth라고 해요. 문장 중간에 이런 표현이 나오면 '세상에, 지구에서'라고 해석하지 말고 감탄사처럼 생각하시면 됩니다.

● **내 상황에 맞는 문장으로 바꾸기(in the world 활용)**

예) Where in the world did they go? Ah, that's the great question. (도대체 그들은 어딜 가는 거야? 아, 그게 가장 큰 의문이야.)

- -

● **AI가 알려주는 '오늘의 문장'과 같은 뜻, 다른 문장으로 바꾸기**
▷ Who am I really? That's the big question.
▷ Who am I in essence? That's the riddle.
▷ Who on earth am I? That's the challenge.

● **오늘의 단어** * 오늘 배운 문장에서 어려운 단어가 있다면 정리해보세요.

 **Day83**

속력이 아니라
방향이 중요하다

오늘의 문장

If you want to get somewhere else, you must run at least twice as fast as that!

어딘가 다른 곳에 가고 싶다면, 적어도 그것보다 두 배는 빨리 달려야 해!

#속력 #방향 #올바른 #목표설정

오늘의 문장은 '빨리빨리'의 대명사인 대한민국 이야기 같아요. 저도 회사를 다닐 때는 잘 몰랐답니다. 그런데 프리랜서로 일을 해보니 조직 안에서의 경쟁은 느린 편이었다는 걸 깨달았습니다. 프리랜서의 세계는 훨씬 더 냉혹하더라고요. 하루이틀 SNS에 무언가 올리지 않고, 유튜브 영상 제작을 조금만 소홀히 하면 조금 천천히 가는 게 아니라 아예 뒤처져버려요. 왜냐하면 다른 사람들은 여전히 오늘도 열심히 달리고 있으니까요. 사회는 무한경쟁 중이고, 더욱 빠른 결과값을 내지 않으면 도태될 수도 있죠. 우리가 원하는 목표를 위해 남과 같은 속력으로 뛰면 남과 함께 도착합니다. 그러니 남과 다른 독보적인 수준이 되기 위해서는 두세 배 이상의 노력을 해야 한다는 의미겠지요? 사람들은 대부분 각자 원하는 목표가 있죠. 그래서 자기 분야에서 성공한 사람들이나 유명 인플루언서의 이야기가 사람들의 눈길을 끕니다. 부동산 부자의 비법, 경제적 자유를 얻은 방법, 명문대 입학 비결 같은 것들도요.

그런데요, 인생에서 속력이 전부는 아니잖아요. 목표에 도달하기까지 편법을 선택하지 않고, 다른 사람들에게 피해를 주지 않는 것도 중요하죠. 노력에는 내가 가려는 길이 올바른 길인지를 먼저 살피는 것도 포함된다고 생각합니다. 목표에 적합한 길을 먼저 찾고 나면 그때부터 전속력으로 달리면 됩니다. 길이 정확하기만 하다면 언젠가는 그 목표에 도착하게 될 거예요.

If you want to get somewhere else, you must
- -
run at least twice as fast as that!
- -

☞
- -

- -

오늘의 구문

If you want to get somewhere else, you must run <u>at least twice as fast as</u> that!

배수사를 활용하여 원급 비교를 강조하는 법은 이렇게 써요.

'as+원급+as'는 '~만큼 …하다'는 의미로 두 대상의 상황의 정도나 상태가 동일함을 비교할 때 씁니다. 이런 원급 비교를 강조하거나 확대할 때 앞에 배수사를 이용합니다. 빠른데 얼마큼 빠른지 명시해주는 것이죠. 오늘의 문장에서는 at least twice라고 했으므로 '최소한 두 배만큼은 빠르다'란 의미입니다.

● 내 상황에 맞는 문장으로 바꾸기(at least+배수+as~as 활용)

예) This computer processes data <u>at least twice as fast as</u> the old one. (이 컴퓨터는 이전 것보다 최소한 두 배 더 빠르게 데이터를 처리한다.)

☞
- -

● AI가 알려주는 '오늘의 문장'과 같은 뜻, 다른 문장으로 바꾸기

▷ To get to another place, you have to speed up by at least twice as much!

▷ If your goal is somewhere else, you must increase your speed by two times!

● 오늘의 단어 * 오늘 배운 문장에서 어려운 단어가 있다면 정리해보세요.

 **Day84**

쓰는 대로
이루어진다

오늘의 문장

I give myself very good advice, but I very seldom follow it.

나는 스스로에게 아주 좋은 조언을 주지만, 그것을 거의 따르지 않아.

#기록의 힘 #실천력

〈이상한 나라의 앨리스〉에서 우리는 앨리스의 성장과 성찰 과정을 통해 우리 스스로를 돌아볼 수 있어요. 앨리스도 본인에게 스스로 이 말을 합니다. 우리와 똑같죠? 사실 누구보다 자신의 강점과 약점을 잘 아는 사람은 우리 자신이니까 스스로에게 아주 좋은 조언을 할 수 있습니다. 예컨대, 저는 제가 누구보다 운동이나 몸 쓰는 일을 싫어한다는 걸 압니다. 그래서 운동을 하든 적게 먹든 둘 중에 하나는 지켜야 해요. 그런데 현실은 둘 다 너무 어렵습니다. 많은 분들이 금연, 금주, 규칙적인 운동과 식습관을 연초 목표로 세우지만 잘 지키지 못하는 이유도 마찬가지겠죠.

그런 제가 습관을 지키면서 몸무게를 감량하고, 지금까지 좋은 식습관을 지키고 있는 비결이 하나 있습니다. 바로 이 작고 사소한 행동이 큰 변화를 만들었어요. '기록'입니다. 기록은 마법과 같아요. 머리 속에서 생각이나 상상만 하던 것들을 직접 손으로 쓰는 작업만으로도 벌써 해낸 것 같은 느낌이 들거든요. 그래서 매일 운동한 시간과 물, 채소를 먹은 횟수 등을 기록하기 시작했어요. 그러다 보니 제 습관이 시각적으로 보이고, 자연스럽게 통계가 나오더라고요. 그 작은 실천으로 제 몸은 바뀌게 되었어요. 여러분도 스스로 자신에게 하는 좋은 조언들이 효력을 발휘하도록 여러분의 결심과 계획을 적어보세요. 이 필사책을 쓰게 된 이유도 매일매일의 꾸준함으로 여러분의 인사이트가 조금씩 쌓이길 바라는 마음이었거든요. 오늘도 함께 한 문장만 써봅시다!

I give myself very good advice, but I very

_____

seldom follow it.

_____

_____

_____

오늘의 구문

I give myself very good advice, but I very <u>seldom</u> follow it.

빈도부사 seldom은 이럴 때 써요.

seldom은 빈도를 나타내는 부사로 일반동사 앞, be동사나 조동사 뒤에 위치해요. 거의 하지 않거나 드물게 하는 일을 뜻하는 말로 rarely, hardly와 같은 의미로 쓰여요.

● 내 상황에 맞는 문장으로 바꾸기(빈도부사 seldom 활용)

예) They <u>seldom</u> talk to each other. (그들은 서로 거의 대화하지 않는다.)

_____

● AI가 알려주는 '오늘의 문장'과 같은 뜻, 다른 문장으로 바꾸기

▷ I give myself great advice, but I rarely take it.
▷ I often tell myself what's right, yet I hardly ever listen.
▷ I tell myself what to do, but I almost never follow my own words.

● 오늘의 단어 * 오늘 배운 문장에서 어려운 단어가 있다면 정리해보세요.

시작한 것을 끝내는 힘

오늘의 문장

Begin at the beginning, and go on till you come to the end: then stop.

처음부터 시작해서 끝에 도착할 때까지 계속해, 그리고 멈춰.

#추진력 #꾸준함 #적당함

이 문장은 타르트를 훔친 범인의 재판을 진행하는 장면에서 나온 문장인데요. 증거로 채택된 편지를 처음부터 끝까지 읽어보라는 왕의 명령입니다. 그런데 저는 다른 의미로 이 문장을 곱씹어봤습니다.

그러다 문득 동사 go를 do로 바꿔보면서 이해하게 되었습니다. go on이란 동사가 '계속하다'라는 의미가 있으니 무언가를 계속 '하다'라는 의미에 집중해본 거죠. 그러고 나니 문장의 의미를 조금 더 깊게 이해하게 되었습니다.

저는 원래 일을 잘 시작하는 사람입니다. 성격이 급한데 아이디어는 자꾸 떠오르니 당장 실행에 옮기고 싶어하는 성향이죠. 그런데 막상 시작하면 끈기 있게 해내는 걸 어려워합니다. 반면 첫 시작을 주저하는 사람들은 그 뒤에 일어날 일들을 미리 구상하고 계획하느라 첫 걸음 떼기를 어려워하더라고요. 대신 그들은 제게 없는 끈기가 있습니다.

이 문장은 인생에서 어떤 일을 시작하고 마무리하는 것에 대한 아주 원론적인 원칙을 상기시킵니다. 주저하기 보단 추진력을 발휘해 시작(begin)하고, 그 일을 꾸준하게 실행하고(do), 적정한 때에 멈출(stop) 줄 안다면 어떤 일이든 잘 해낼 거라는 작가의 의도가 포함된 거죠. 열심히 노력한 과정들은 칭찬받아 마땅하고 적절한 때에 멈추는 지혜는 닮고 싶은 것이니까요. 이 문장을 따르다 보면 우리도 앞으로 삶의 여정을 좀 더 지혜롭게 준비할 수 있겠죠?

Begin at the beginning, and go on till you
_ _
come to the end: then stop.
_ _

_ _

_ _

오늘의 구문

Begin at the beginning, and go on <u>till</u> you come to the end:
then stop.

'언제까지'라는 기한을 나타내기 위해서는 till, untill을 사용해요.

접속사이자 전치사인 till은 untill을 줄여서 쓴 형태입니다. '어떤 시점까지'라는 의미로 사용됩니다. till 뒤에는 문장이 올 수도 명사가 올 수도 있어요. 오늘의 문장에서는 till you come to the end로 '끝에 도착할 때까지'로 해석됩니다.

● **내 상황에 맞는 문장으로 바꾸기(till 활용)**

예) The store is open <u>till</u> 9PM. (그 가게는 오후 9시까지 영업해요.)

_ _

● **AI가 알려주는 '오늘의 문장'과 같은 뜻, 다른 문장으로 바꾸기**

▷ Start at the start, and go on until you reach the end, then stop.
▷ Begin from the start, go on until you get to the end, then halt.
▷ Start at the beginning, proceed until you finish, then stop.

● **오늘의 단어** * 오늘 배운 문장에서 어려운 단어가 있다면 정리해보세요.

Day86

막상 해보면
별것 아닐지도 몰라

Sometimes I've believed as many as six
impossible things before breakfast.

때때로 나는 아침 식사 전에 여섯 가지나 되는 불가능한 일들을 믿곤 했어.

#한계 없음 #긍정적 생각

저는 영어 교육 관련 일을 하다 보니 정기적으로 학생들도 자주 만납니다. 그 중 가장 대하기 힘든 유형은 바로 부정적인 학생들입니다. 이들이 처음부터 부정적인 마인드로 학습에 접근한 것은 아닐 거예요. 도전의식과 상상력이 풍부했던 학생들도 반복적인 좌절을 맛보고 나면 방어기제가 작동하는 것 같아요. 그런 친구들은 "그게 돼요?", "못할 것 같은데?", "그건 좀 불가능하잖아요"라는 이야기를 자주 합니다.

앨리스도 백색 여왕에게 같은 푸념을 해요. 세상에는 불가능하게 보이는 일들이 너무 많다고요. 그런 앨리스에게 백색 여왕은 현실에서는 불가능할 것 같아도 상상력과 믿음을 통해 가능해질 수 있다며, 위의 문장을 말해요.

〈이상한 나라의 앨리스〉에는 정말 기이한 내용, 맥락에 맞지 않는 이야기가 많이 나오곤 해요. 이 문장 역시 따로 떼어 놓고 보면 무슨 뜻인지 모르지만, 맥락을 알고 보면 이 문장은 현대인들에게 위로가 되는 문장이 되겠더라고요. 백색 여왕이 앨리스에게 해준 이 말은 단순히 상상력을 키우라는 뜻이 아니라 미리 현실에 한계지을 필요가 없다는 뜻이기도 해요. 그러니 우리들도 무한한 가능성을 절대 잊지 말고 창의적이고 유연한 사고를 가지며 틀을 깨는 생각을 하는 연습을 게을리하지 말았으면 좋겠어요.

Sometimes I've believed as many as six impossible

----

things before breakfast.

오늘의 구문

Sometimes I've believed as many as six impossible things before breakfast.

전후관계를 설명할 때는 before, after를 사용해요.
사건의 순서를 나타낼 때 전후관계를 설명해야 할 경우 기준이 되는 사건 전을 before, 후를 after를 써요.
before와 after 뒤에는 명사나 명사구가 오기도 하지만 문장이 오기도 해요.

● 내 상황에 맞는 문장으로 바꾸기(before 활용)
예) I always brush my teeth before going to bed. (나는 항상 잠자리에 들기 전에 이를 닦는다.)

● AI가 알려주는 '오늘의 문장'과 같은 뜻, 다른 문장으로 바꾸기
▷ I've occasionally believed in as many as six impossible ideas before breakfast.
▷ Occasionally, I've imagined six impossible scenarios before morning.
▷ At times, I've thought of six unimaginable things before breakfast.

● 오늘의 단어 * 오늘 배운 문장에서 어려운 단어가 있다면 정리해보세요.

헤매도 괜찮아

오늘의 문장

It depends a good deal on where you want to get to.

그건 네가 어디로 가고 싶은지에 상당히 많이 달려 있어.

#새로운 공간 #정답은 없어

앨리스가 어디로 가야 하는지 묻자 체셔 고양이가 위와 같이 대답합니다. 〈이 상한 나라의 앨리스〉는 자신의 정체성을 찾고, 그 과정에서 자기 자신을 똑바로 바라보는 연습을 하라는 메시지를 지속적으로 줍니다.

많은 사람들이 진로를 선택하는 일에 몸살을 앓고 있습니다. 심지어 어른들마저도 제2의 인생을 도모하느라 고민이 많죠. 나도 모르게 이상한 나라에 떨어진 앨리스처럼 인생을 헤매고 있는 사람들이라면 체셔 고양이의 말이 무척 야속할 겁니다. 어쩔 수 없이 이곳저곳 헤매며 갈 길을 찾는 중인 사람에게 네가 가고 싶은 곳으로 가라니요. 게다가 주변 사람들은 독촉합니다. 갈림길 중에서 고르라고. 헤맬 시간이 없다고요. 일정 부분 이해도 되지만 여전히 좀 가혹한 느낌이에요.

그런데요 여러분, 혹시 네비게이션이나 인터넷 지도 없이 여행 도중에 길을 헤맨 적이 있나요? 저는 있어요. 남들이 편하게 가라고 안내한 지도를 따라갈 때보다 아무것도 없이 그 생소한 공간을 헤매다 보면 평소 모르던 것들이 보이기도 합니다. 그러다 우연히 가야 할 길을 찾기도 하고, 전혀 새로운 장소를 방문하기도 했습니다. 그렇지만 둘 중 어느 여행이 더 나쁘다고 말할 수는 없죠. 지도에 찍힌 최종 목적지도 지금 내키는 대로 걷고 있는 곳도 모두 내가 가고 싶은 길이잖아요. 그러니 인생에서 의지를 가지고 네비게이션 없는 여행을 해보는 것도 의미가 있습니다.

It depends a good deal on where you want to

get to.

☞

It depends a good deal on where you want to get to.

depends on은 '~에 달려 있다'라는 의미로 쓰여요.

depends on~은 '~에 달려 있다'라는 의미로 on 뒤에 오는 내용에 따라 나의 선택이나 결정이 달려 있다고 해석하면 무리가 없습니다.

*a good deal 상당히 많이

● 내 상황에 맞는 문장으로 바꾸기(depends on 활용)

예) It depends on the price if we buy the new car or not. (우리가 새 차를 살지 말지는 가격에 달려 있어.)

☞

● AI가 알려주는 '오늘의 문장'과 같은 뜻, 다른 문장으로 바꾸기

▷ It relies heavily on where you wish to go.
▷ It's all about where you plan to go.
▷ It largely depends on what you want to achieve.

● 오늘의 단어 * 오늘 배운 문장에서 어려운 단어가 있다면 정리해보세요.

 **결핍이 만드는 무기**

오늘의 문장

Everything's got a moral, if only you can find it.

모든 것에는 교훈이 있어, 찾을 수만 있다면.

#의미 찾기 #나만의 무기

《논어》에 이런 말이 있습니다. "세 사람이 모이면 반드시 그중에는 내 스승이 있다." 세 사람 중에 설령 나쁜 사람이 있더라도, 그 나쁜 행동을 보고, 배우지 말아야겠다고 깨닫게 되므로 반드시 보고 배울 점이 있다는 뜻입니다. '실패는 성공의 어머니'라는 말도 있죠. 당장의 실패를 겪고 나면 스스로 실패자일 뿐이라고 생각하지만, 사실은 실패를 통해서도 우리는 무언가를 배웁니다. 결핍도 마찬가지입니다. 누군가는 맞벌이라서 아이를 잘 챙길 수 없어 미안하다고 하는 반면 다른 누군가는 외벌이라서 아이가 원하는 것을 풍족하게 사주지 못해 미안하다고 합니다. 하지만 맞벌이 가정의 아이들은 스스로 잘 해내는 자립심을 일찍 기를 수 있고, 외벌이 가정에서는 가지고 있는 규모 안에서 자신이 원하는 것의 우선순위를 찾는 지혜를 기를 수 있습니다. 이런 것들은 결핍이 없었다면 가질 수 없는 무기죠. 즉, 모든 것에 교훈이 있다는 말은 우리가 어떤 시각으로 세상을 보는가에 따라 달라진다는 뜻이기도 합니다.

앨리스는 이 이상한 나라에서 어느 때보다 혼란스럽습니다. 하지만 그럼에도 얻는 것은 분명히 있다는 메시지를 위 문장이 전하고 있습니다. 내가 남들보다 가난해서, 혹은 머리가 좋지 않아서 힘든 거라고 말하고 싶은 날이 있다면 생각을 바꿔보세요. 지금 내 상황이 언젠가는 나에게 누구도 경험하지 못한 삶의 큰 교훈을 가져다 줄 거라고 말이에요.

오늘의 문장 따라 쓰기

Everything's got a moral, if only you can find it.

- -

- -

오늘의 구문

Everything's got a moral, <u>if only</u> you can find it.

if only는 강한 바람, 소망을 나타낼 때 써요.

if 조건문이 중립적인 성격이라면 if only는 보다 강한 소망이나, 꼭 했으면 하는 바람이 묻어나는 표현이
라고 생각하시면 됩니다.

*moral 도덕성, 교훈

● **내 상황에 맞는 문장으로 바꾸기(if only 구문 활용)**

예) If only I hadn't lost my keys. (내가 열쇠를 잃어버리지 않았더라면 좋았을 텐데.)

- -

● **AI가 알려주는 '오늘의 문장'과 같은 뜻, 다른 문장으로 바꾸기**

▷ Every experience has a lesson, if you can see it.

▷ There's a moral in everything, if you look for it.

▷ Everything has a lesson to learn, if you can uncover it.

● **오늘의 단어** * 오늘 배운 문장에서 어려운 단어가 있다면 정리해보세요.

Day89 당연한 것은 없다

오늘의 문장

I am under no obligation to make sense to you.

나는 당신을 이해시켜야 할 의무가 없어.

#설득 #이해 #상식

앨리스는 계속 앞뒤가 맞지 않는 상황에 봉착합니다. 쉽사리 이해되지 않는 기막힌 상황들이 계속 일어나요. 우리도 타인을 완벽하게 이해하면서 살아가고 있지는 않잖아요. 때로는 진상 손님도 만나고, 가끔은 이상한 상사나 동료를 만나고, 때로는 가까운 가족마저 이해가 안 될 때가 있죠. "만약 내 주변에 이상한 사람이 없다면 내가 이상한 사람이다"라는 말도 있고요. 이런 말들은 결국 타인을 완벽하게 이해할 수 없기 때문에 생기는 말들입니다. 모든 상식의 기준이 자기 자신이니까요.

저도 한 때 상식이라는 게 존재한다고 믿었어요. 영어로 common sense, 한자로는 상식(常識). 일반적으로 알고 있는 지식 또는 항상 알고 있는 것이죠. 그런데 여러분, 누군가와 자취방을 함께 쓰거나, 기숙사 생활을 했거나, 유학생끼리 아파트를 공유한 경험이 있다면 알 거예요. 지금까지 스스로 '상식'이라고 생각했던 것이 상대에게는 전혀 그렇지 않다는 것을요.

일례로 이혼하는 과정도 상대방이 '상식'에서 벗어난 행동을 한다고 미리 재단해서 생긴 오해에서 출발하는 경우도 많은 것 같아요. 저는 다른 가족과 한 집에서 1, 2층을 나눠 생활해본 이후로 '상식'이라는 단어를 지웠습니다. 그냥 '나의 방식'이 존재할 뿐이죠. 그러니 상대를 억지로 이해하거나 나를 이해시킬 필요도 없습니다. 다만 '나의 방식'과 '그의 방식'이 공존하는 방법을 찾으려고 노력해야 합니다.

206

I am under no obligation to make sense to you.

- -

- -

오늘의 구문

I am under no obligation to <u>make sense</u> to you.

understand 대신 make sense를 쓸 수 있어요.

'이해하다'라는 말을 영어로 하고 싶을 때 understand라는 동사를 주로 써요. 하지만 make sense라는 동사구도 같은 의미가 있어요. 주의할 점은 understand는 사람 주어, make sense는 사물 주어를 쓴다는 점이에요.

● 내 상황에 맞는 문장으로 바꾸기(make sense 활용)

예) His behavior doesn't <u>make</u> any <u>sense</u> at all. (그의 행동은 전혀 이해가 안 돼.)

- -

● AI가 알려주는 '오늘의 문장'과 같은 뜻, 다른 문장으로 바꾸기

▷ I don't have to explain myself to you.

▷ I don't need to clarify my actions to you.

▷ I have no obligation to make myself clear to you.

● 오늘의 단어 * 오늘 배운 문장에서 어려운 단어가 있다면 정리해보세요.

내 것을 잘하는 데에서 시작한다

오늘의 문장

If everybody minded their own business, the world would go around a great deal faster than it does.

모두가 자기 일에만 신경 쓴다면, 세상은 지금보다 훨씬 더 빠르게 돌아갈 거야.

#관심 #책임감

'오지랖'은 원래 웃옷이나 윗도리에 입는 겉옷의 앞자락을 가리키는 말이에요. 코트나 한복의 두루마기를 상상해보면 쉽게 이해가 될 거예요. 앞자락의 품이 어느 정도는 넓어야 옷을 여미는 데 도움이 돼요. 하지만 그 앞자락이 과하게 넘치면 어떨까요? 몸을 한 바퀴 감싸고도 남는다면요? 불필요한 부분에 많은 옷감을 쓰는 꼴이잖아요. 그래서 우리는 '오지랖이 넓다'라는 말을 좋은 의미보다는 비아냥거리는 말로 자주 씁니다. 이 문장의 의미는 오지랖 넓은 사람처럼 너무 남의 일에 간섭하다가 자신의 일을 소홀히 하는 상황에 대한 충고입니다. 즉, 자기가 맡은 일, 맡은 분야라도 꼼꼼하게 잘 처리한다면 세상은 훨씬 더 빠르게 잘 돌아갈 거라는 이야기지요. 대부분의 사람들이 따로 또 같이 협업을 하는 시대에 살고 있는 만큼 나의 맡은 바 임무라도 책임 있게 한다면 무탈하게 일을 마무리하고 결과를 얻을 수 있을 겁니다.

과거 산업화 시대처럼 하나의 업무를 잘게 쪼갠 분업화든 요즘처럼 각 개인의 생각과 장점을 통합해 하나의 프로젝트를 완성시키는 형태든 모두 이 대사가 의미 있는 울림을 줍니다. 결국 자기가 맡은 일을 잘 해내는 것부터 모든 일이 시작되니까요. 고전의 묘미가 바로 이런 거죠. 시대를 관통하는 통찰력!

If everybody minded their own business, the
— — — — — — — — — — — — — — — — — — — —
world would go around a great deal faster than
— — — — — — — — — — — — — — — — — — — —
it does.
— — — — — — — — — — — — — — — — — — — —

— — — — — — — — — — — — — — — — — — — —

— — — — — — — — — — — — — — — — — — — —

— — — — — — — — — — — — — — — — — — — —

오늘의 구문

If everybody minded their own business, the world would go around a great deal faster than it does.

동사 mind는 의미를 잘 생각하며 써야 해요.
mind는 '신경 쓰다', '주의를 기울이다', '꺼리다'의 뜻이 있어요. 그래서 Do you mind if I open the window?(내가 창문 여는 것을 꺼리니?=창문을 열어도 되니?) 같은 문장에서는 '꺼리다'로 해석해요.
*one's own business 자신의 일

● 내 상황에 맞는 문장으로 바꾸기(동사 mind 활용)
예) Mind the gap between the train and the platform. (기차와 승강장 사이의 틈을 주의하세요.)

— — — — — — — — — — — — — — — — — — — —

● AI가 알려주는 '오늘의 문장'과 같은 뜻, 다른 문장으로 바꾸기
▷ If people focused on their own business, things would move along faster.
▷ If everyone kept to themselves, things would go more quickly.

● 오늘의 단어 * 오늘 배운 문장에서 어려운 단어가 있다면 정리해보세요.

〈Common gull〉 by 존 제임스 오듀본

갈매기의 꿈

Jonathan Livingston Seagull

- 리처드 바크

**삶은 하루아침에
변하지 않는다**

오늘의 문장

Learn nothing, and the next world is the
same as this one.

아무것도 배우지 못하면 다음 생은 이번 생과 똑같아.

#배움 #미래 #준비

이번 작품에는 어느 주인공보다 진지하고, 성실하고, 집념이 강한 캐릭터가 나옵니다. 누구보다 성취욕과 목표의식이 강한 주인공인데 사람은 아니고 갈매기입니다. 갈매기 조나단은 다른 갈매기들처럼 생존을 위해 나는 것이 아닙니다. 먹이를 얻기 위해 나는 법을 배우는 갈매기들과 달리 자신의 자아실현을 위해 고난도 비행 기술을 익히려는 갈매기였습니다. 조나단의 모습을 보면서 저 또한 저를 돌아보고 반성한 게 여러 차례였습니다. 조금 강경하긴 하지만 "어제와 똑같은 오늘을 살며 다른 미래를 바라는 것은 정신병 초기 증세다"라고 아인슈타인도 이야기했는데요. 우리는 건강하길 원하면서 운동은 안 하고, 공부 잘하기를 원하면서 책보다는 유튜브에 몰입합니다. 즉, 즉각적인 보상이 오는 일을 선택하는 게 여러모로 쉽기 때문에 우리는 끊임없이 인지부조화를 겪습니다. 어제의 내가 오늘의 나를 만든다는 아주 단순한 진리조차 거스르는 삶은 결국 어제와 같은 삶을 만들겠지요? 갈매기 조나단처럼 다음생을 대비하지는 못하지만 가까운 미래 정도는 준비해야 하지 않을까요? 인생이라는 게 원래 그렇잖아요. 타인의 삶은 하루아침에 변한 것처럼 보입니다. 하지만 매일의 사소한 노력이 쌓여 큰 변화를 보여주는 거예요. 오늘 우리에게 주어진 이 시간을 무시하지 말고 값지게 살아내봐요.

Learn nothing, and the next world is the
- -
same as this one.
- -

- -

- -

오늘의 구문

Learn nothing, and the next world is the same as this one.

명령문 뒤에 접속사 and가 붙는 형태지만 명령문에 nothing이라는 부정 표현이 포함되어 있어요. 명령문 뒤에 and가 오면 보통, '~해라, 그러면 …할 것이다'로 해석합니다. 앞의 내용과 뒤의 결과를 연결하는 형태입니다. 반대로 접속사 or가 오면 '~해라, 아니면 …할 것이다'로 해석하죠. 오늘의 문장은 명령문 형태이지만, If you learn nothing으로 조건절의 의미가 강합니다.

● **내 상황에 맞는 문장으로 바꾸기(명령문, and 구문 활용)**
예) Smile, and the world will smile with you. (미소지어라, 그러면 세상이 함께 웃을 것이다.)

- -

● **AI가 알려주는 '오늘의 문장'과 같은 뜻, 다른 문장으로 바꾸기**
▷ Do nothing, and tomorrow will be no different from today.
▷ Learn nothing, and your future will mirror your past.
▷ Make no changes, and life will stay exactly the same.

● **오늘의 단어** * 오늘 배운 문장에서 어려운 단어가 있다면 정리해보세요.

모든 것이 끝나고 나면 태도만 남는다

오늘의 문장

Any number is a limit, and perfection doesn't have limits.

그 어떤 숫자에도 한계가 있는데 완벽에는 한계가 없어.

#숫자의 한계 #정신적 완벽함

큰딸이 중학교에 올라가 첫 시험을 치렀을 때였습니다. 특별히 내신 공부를 위한 학원을 보내고 있지 않았던 터라 큰아이는 주변 친구들의 이야기에 불안해하더라고요. "엄마, ○○이는 국어 학원에서 예상 문제를 엄청 많이 쳤대. 그리고 ○○는 영어 학원에서 몇백 개씩 연습 문제를 준대"라고 말이에요. 그래서 저는 학원에 다닌다고 해서 좋은 성적을 내는 것이 아니며, 원래 시험 점수라는 건 숫자에 불과하다고 말해줬어요. 숫자는 우리에게 명확한 지표를 주지만 반대로 한계를 만들기도 합니다. 갈매기 조나단은 스승에게 들은 이 조언을 통해 다시 자기 스스로의 한계를 뛰어넘을 준비를 합니다. 물리적인 속도나 거리보다는 정신적, 영적인 완벽함에 대해 생각하게 됩니다. 현실에 발을 붙이고 매일을 살아가는 학생, 직장인들이 정신적인 수련까지 하기는 어렵습니다. 하지만 눈에 보이는 숫자에 연연하며 사는 것도 답은 아니지요. 점수보다는 정말 내가 이 문제를 아는지, 배운 내용을 완벽히 숙지했는지에 집중해야 합니다. 그래야 내가 실수한 원인을 파악하고 다음을 대비할 수 있으니까요. 그리고 인생을 살며 우리가 마주치게 될 대부분의 시험은 나아가는 과정입니다. 지난 시험 준비를 통해 얼마나 성장했고, 그 결과에 대한 나의 태도가 어땠는지를 살펴보는 성숙의 과정입니다. 그러니 그순간 눈에 보이는 수치적 결과에 연연하기보다는 얼마나 나아지고 있는지 확인하는 기회로 삼아야 할 것 같아요.

Any number is a limit, and perfection doesn't
----
have limits.

오늘의 구문

Any number is a limit, and perfection doesn't have limits.

긍정문에서 any를 사용한 경우 또 다른 해석이 가능합니다.

긍정문에서는 some을 더 많이 쓰지만 특별히 any를 쓸 때는 '어떤 것이라도', '모든'의 의미로 쓴다고 했었죠. 또 다른 역할로 일반적인 진리를 이야기할 때도 any가 적절합니다. 수(number)라는 개념 자체는 한계가 있다는 일반적인 진리를 전달하기 위해 some이 아닌 any를 활용했어요. 즉, every number와 같은 의미로 쓰일 수 있어요.

● 내 상황에 맞는 문장으로 바꾸기(일반적 진리의 any 활용)

예) Any animal can feel pain. (어떤 동물이든 통증을 느낄 수 있어.)

● AI가 알려주는 '오늘의 문장'과 같은 뜻, 다른 문장으로 바꾸기
▷ Every number has a limit, but perfection is limitless.
▷ Numbers have limits, while perfection has none.
▷ A number is finite, but perfection knows no bounds.

● 오늘의 단어 * 오늘 배운 문장에서 어려운 단어가 있다면 정리해보세요.

Day93 ## 생각에
행동을 더하라

The gull sees farthest who flies highest.
가장 높이 나는 갈매기가 가장 멀리 본다.
#혜안 #용기

'일찍 일어나는 새가 벌레를 잡는다' 만큼이나 너무 많이 알려진 문구라 고를까 말까 고민을 많이 했어요. 하지만 우리가 몰라서 안 지키는 건 아니잖아요. 자꾸 잊어버리고, 실천을 하지 않는 게 문제니까, 그런 면에서 자주 떠올려보는 것도 도움이 될 것 같아서 뻔한 문장이지만 가지고 왔습니다. 높은 곳에 오른다는 것은 두 가지 의미가 있어요. 첫째, 나무가 아닌 숲을 본다는 의미요. 내 앞에 어떤 일이 벌어질지 모르는 것만큼 불안한 것도 없죠. 그래서 우리는 인생을 사는 내내 불안을 다스리는 데 많은 시간을 쓸 수 밖에 없습니다. 하지만 위에서 휜히 내려다 볼 수 있다면 어떨까요? 50대의 어른들이 20대의 청춘들에게 불안해하지 말고 현재에 충실하라고 말할 수 있는 게 바로 이런 원리입니다. 미리 가봤으니 더 이상 불안하지 않은 것이지요. 멀리 열수 이상을 내다볼 수 있는 혜안이 있다면 얼마나 좋을까요. 그러기 위해서는 하나의 의미가 더 필요합니다. 둘째, 높이 올라간다는 것은 그만큼 용기가 필요한 일입니다. 높은 곳은 인간에게 두려움을 주는 공간입니다. 그곳에 올라가려면 용기와 도전정신이 필요합니다. 우리가 종종 어린 나이에도 인생 2회차라는 말을 할 만큼의 선견지명과 도전의식을 가진 친구들을 봅니다. 어쩜 저 나이에 저런 생각을 할까 싶은 사람들이 있죠. 가장 높은 곳에서 가장 멀리 본다는 말은 결국 혜안과 선견지명에 도전의식을 더하라는 말이 아닐까 합니다.

The gull sees farthest who flies highest.

_____

_____

오늘의 구문

The gull sees farthest who flies highest.

최상급을 활용하여 비유적인 표현을 할 수 있어요.

보통 최상급은 'the+-est' 형태를 떠올리겠지만 오늘의 구문에서는 the가 생략됐습니다. 문학적 허용으로 볼 수도 있고, 형용사가 아닌 부사의 최상급이라 생략되었을 수 있습니다. 다만, 일반적인 형태는 the farthest, the highest가 맞습니다.

● 내 상황에 맞는 문장으로 바꾸기(최상급 활용)

예) The student learns the most who studies the hardest. (가장 열심히 공부하는 학생이 가장 많이 배운다.)

_____

● AI가 알려주는 '오늘의 문장'과 같은 뜻, 다른 문장으로 바꾸기

▷ The highest-flying gull sees the farthest.
▷ The further you fly, the further you see.
▷ The one who flies the highest sees the most.

● 오늘의 단어 * 오늘 배운 문장에서 어려운 단어가 있다면 정리해보세요.

Day94

먼저 자신에게
솔직할 것

오늘의 문장

Forgive them, and help them to understand.

그들을 용서하고 그들이 깨우치게 도와주거라.

#미움 #감추기 #용서

우연히 유튜브에서 본 한 정신과 의사분이 말씀하시길 많은 부모님들이 궁극적으로 아이의 독립, 자립을 목표로 최선을 다한다고 하시더라고요. 처음엔 특별히 솔깃하지 않았어요. 그런데 바로 다음 이야기에 머리를 한 대 맞은 기분이었습니다. 바로 그런 독립을 위해서는 자식이 충분히 부모에게 의지해본 경험이 있어야 한다고요. 자식이 부모를 통해 충분히 포근함도 느끼고, 나를 믿어주는 사람이 있다는 걸 굳건히 믿게 되는 과정이 있어야 비로소 건강하게 독립적인 개체로 자랄 수 있다고 합니다.

위 문장은 자유로운 비행을 추구하는 조나단이 제자 플레처에게 해준 말이에요. 플레처를 추방한 사람들을 용서하고 오히려 찾아가 진정한 비행의 의미를 가르쳐주라는 말입니다. 그게 진정한 성장이니까요. 대신 조나단은 플레처가 자유로운 비행을 할 수 있을 때까지 곁에 있어줍니다. 즉, 우리는 충분히 채워져야 비로소 다음 단계로 나아갈 수 있습니다. 누군가를 용서하는 과정도 비슷한 것 같아요. 아무리 나에게 그 사람을 용서하라고 재촉해도 마음이 돌아서지 않으면 할 수가 없습니다. 우리는 충분히 서운해하고 미워해봐야 한다고 생각합니다. 그 미움이 너무 증폭되어 남에게 해를 끼치면 안 되지만 감정을 억누르고 겉으로만 용서하기는 어렵습니다. 내가 조금 더 나은 사람이 되어 상대를 용서하려면 먼저 내 감정에 가장 솔직해져야 합니다.

Forgive them, and help them to understand.

오늘의 구문

Forgive them, and help them to understand.

타동사 두 개를 연결하여 명령문을 만든 형태예요.
명령문 두 개를 and로 연결하면 '~해라, 그러면 …할 것이다'로 해석한다고 했지만, 오늘의 문장은 조금 다른 형태입니다. 동사 두 개를 단순 연결한 형태로 'A해라 그리고 또 B해라'의 구조입니다. 조건절로 해석되지 않는 형태도 있다는 걸 기억하세요.

● 내 상황에 맞는 문장으로 바꾸기(타동사 두 개를 연결한 명령문)
예) Teach them, and support them in their learning. (그들을 가르치고, 그들의 학습을 지원하라.)

● AI가 알려주는 '오늘의 문장'과 같은 뜻, 다른 문장으로 바꾸기
▷ Forgive them, and assist them in understanding.
▷ Pardon them, and help them see the truth.
▷ Forgive them, and help them know better.

● 오늘의 단어 * 오늘 배운 문장에서 어려운 단어가 있다면 정리해보세요.

무엇보다 열정이
가장 매력적이다

Day95

오늘의 문장

- -

Far and away more important, he had a blazing drive to learn to fly.

훨씬 더 중요한 것은 그가 비행을 배우려는 불타는 욕구를 가진 점이었다.

#열정 #동기부여

---

drive라는 단어는 보통 '운전하다'라는 뜻으로 많이 접해요. 하지만 이 문장에서는 명사로 '욕구'라는 의미예요. 그냥 욕구가 아닌 blazing(활활 타는) drive입니다. 무얼하든 동기가 없으면 추진력이 떨어집니다. 제가 회사를 다닐 때 정규직 채용 기간이 되면 팀별로 여러 명의 신입이 배정됐습니다. 첫 인상으로는 잘 가늠할 수 없지만 몇 번의 출퇴근을 겪고 나면 유형을 조금 파악할 수 있습니다. 빠릿빠릿 눈치가 빠르거나, 근면성실한 사람, 느긋한 사람 등 각자의 개성이 잘 드러납니다. 그러나 가장 매력적인 특징은 불타는 욕구가 아닐까 싶어요. 아무리 뛰어나도 회사에 애정이 없어 보이면 매력이 사라집니다. 우리는 어떤 일을 할 때 대단히 뛰어난 스펙보다 딱 한술 분량의 열정이 필요한 것일 수도 있어요. 반대로 그만큼의 열정이 모자라서 일을 그르치기도 하죠. 실제로 저희 동네에 문방구가 두 개 있었는데요. A 문방구 사장님은 매일 입구에서 파리채를 휘둘렀습니다. 심지어 손님과 눈도 잘 마주치지 않았습니다. 갈 때마다 민망해서 재빨리 돌아나왔던 기억이 있어요. 하지만 B 문방구 사장님은 늘 안에서 무언가 자르고 계셨습니다. 문을 열고 들어가자 마자 환하게 인사하시고, 아주 작은 물건을 사도, 하루 종일 자르시던 포장지를 꺼내 정성스레 포장을 해주셨습니다. 심지어 요즘 초등학생들은 뭘 좋아하는지 틈새시장 조사까지 하셨어요. 결과는 뻔하죠. A 문방구는 지금은 사라지고 없답니다.

220

Far and away more important, he had a blazing
drive to learn to fly.

오늘의 구문

Far and away more important, he had a blazing drive to learn to fly.

'far and away +비교급'을 활용해 더 나은 점을 어필하고 있는 문장이에요!

far and away는 관용적인 표현으로 '훨씬', '압도적으로'라는 의미입니다. 어떤 것이 다른 것보다 훨씬 더 중요하거나 우세하다는 것을 강조할 때 사용해요. 뒤에 비교급 more important를 강조하여 아주 중요한 것이라는 점을 표현하고 있어요.

● 내 상황에 맞는 문장으로 바꾸기(far and away+비교급 활용)

예) Far and away more expensive, the luxury car was out of our budget.
(훨씬 더 비싼 것은, 그 고급차가 우리의 예산을 초과했다는 점이다.)

● AI가 알려주는 '오늘의 문장'과 같은 뜻, 다른 문장으로 바꾸기

▷ Most importantly, he was driven by an intense desire to learn to fly.
▷ Above all, he had a strong passion for learning how to fly.
▷ Crucially, his greatest motivation was to learn to fly.

● 오늘의 단어 * 오늘 배운 문장에서 어려운 단어가 있다면 정리해보세요.

Day96

한계는
경계일 뿐이다

오늘의 문장

Everything that limits us we have to put aside.

우리를 구속하는 모든 것을 무시해야 한다.

#겸손한 자신감 #솔직함

피아니스트 임윤찬 씨가 2022년 반 클라이번 국제 피아노 콩쿠르에서 역대 최연소의 나이인 18세로 우승을 했다는 기사가 한참 도배되고 유튜브엔 풀버전 연주 영상이 돌아다녔습니다. 만나는 사람들마다 임윤찬 피아니스트가 대단하다는 말을 늘어놓았습니다. 무엇이 대단한지 물어보면 두 부류로 나뉘었습니다. 한 부류는 그의 연습량과 노력에 대한 이야기를 합니다. 그런데 다른 부류는 그의 음악적 재능에 대해 이야기합니다. 이렇게 감동적인 라흐마니노프 피아노 연주는 들어본 적이 없다고요. 클래식 음악에 문외한인 저는 들어도 잘 모르겠다는 반응을 보이면 더 신나서 본인의 감상평을 늘어놓습니다. 한편 제 주변에는 미술관에 간 사진만 SNS에 올리는 사람도 있습니다. 미술에 조예가 깊을 수도 있지만 구체적인 감상평을 본 적은 없습니다. '너무 좋았다, 멋있었다, 내 스타일이다'라는 말만 가득해요. 저는 이게 솔직하지 못한 거라고 생각합니다. 잘 알지 못하는 분야에 대해 솔직하게 이야기할 수 있는 것이야 말로 진정한 고수가 아닐까요? 그리고 이 솔직함이 다른 사람의 시선을 의식하지 않는 자신감이기도 하고요. 즉, 우리를 구속하고 한계 짓는 것에서 자유롭기 위해서는 대단해 보이기 위한 허세가 아닌 겸손한 자신감이 필요합니다. limit는 한계라고 해석할 수도 있지만 결국 나를 가두고 있는 경계를 설명하기도 합니다. 그것을 깨는 것이 결국 타인의 시선으로부터 자유로운 진정한 나를 만나는 방법이 아닐까 합니다.

Everything that limits us we have to put aside.

오늘의 구문

Everything that limits us we have to put aside.

put aside는 '치우다', '미뤄두다'라는 뜻을 표현할 때 쓸 수 있어요.

고전에 쓰인 문장이다 보니 현대에는 문법적으로 자연스럽지 않은 부분이 있어요. 'Everything that limits us, we have to put aside.'로 중간에 콤마를 넣어 의미를 분명하게 해주거나 현대 영어에서 친숙한 어순으로 바꿔줘야 더 이해하기 쉽습니다. 'We have to put aside everything that limits us.' 처럼요.

● 내 상황에 맞는 문장으로 바꾸기(put aside 활용)

예) Let's put aside our differences and work together.(우리의 차이점을 뒤로 하고 함께 일하자.)

● AI가 알려주는 '오늘의 문장'과 같은 뜻, 다른 문장으로 바꾸기

▷ We must put aside everything that limits us.
▷ All things that hold us back we have to discard.
▷ Anything that restricts us we need to put away.

● 오늘의 단어 * 오늘 배운 문장에서 어려운 단어가 있다면 정리해보세요.

**효용이란
나중에 알게 되는 것**

오늘의 문장

The only difference is that they have begun to practice it.

유일하게 다른 점은 그들은 그것을 수행하기 시작했다는 것 뿐이다.

#그냥 하면 됩니다

소크라테스와 관련된 일화가 하나 있어요. 사실인지는 확인되지 않은 이야기지만 저에게는 깊은 울림이 있었던 에피소드라 여러분과 공유하고 싶어요. 소크라테스는 거리의 현자로 제자가 되고 싶어하는 사람들이 많았습니다. 그래서 사람들이 제자로 받아달라고 하자 소크라테스가 팔굽혀 펴기를 매일 하고 한 달 후에 다시 돌아오라고 합니다. 처음에 500명의 신청자가 몰렸지만 한 달 후에 돌아온 사람은 200명밖에 되지 않았다고 해요. 그렇게 돌아온 200명에게 다시 한 달 동안 팔굽혀 펴기를 연마하고 오라고 합니다. 그러자 한 달 후에 돌아온 사람은 50명도 안 되었다고 해요. 그러기를 몇 차례 반복하고 몇 달이 흐른 후에 마지막에 단 한 명의 사람만이 돌아왔는데 그가 바로 우리가 잘 아는 플라톤이라고 합니다. 여러분이라면 어땠을 것 같나요? 그 수많은 사람들은 왜 플라톤처럼 소크라테스의 제자가 되지 못했을까요? 그건 바로 '실천'을 했냐 하지 않았느냐의 차이일 겁니다. 우리는 많은 경우 '효율성', '가성비'라는 말로 하던 일의 경중을 따집니다. 첫 시작은 누구나 해봄직하고, 그만큼의 보상이 따른다고 생각합니다. 하지만 하다 보면 생각만큼 쉽지 않지요. 그럼 우리는 이게 그럴 만한 가치가 있는지 비용 대비 효용이 있는지를 생각하게 됩니다. 그다음 단계는 자기합리화를 시작합니다. 이런 논리로 놓친 기회가 어떤 것들이 있었는지 한번 떠올려보세요. 해낸 사람과 실패한 사람이 유일하게 다른 점은 바로 'do'입니다.

The only difference is that they have begun to
_____

practice it.
_____

_____

_____

오늘의 구문

The only difference is that they have begun to practice it.

the only difference를 써서 유일한 차이점을 나타내는 문장이에요.
문장의 주어로 쓰인 the only difference는 '유일한 차이점'이라는 의미예요. 유사함을 강조하여 '유일한
공통점'이라는 표현을 하고 싶다면 the only similarity라고 쓸 수 있어요.

● 내 상황에 맞는 문장으로 바꾸기(the only difference 활용)
예) **The only difference** in taste is due to the seasoning. (맛의 유일한 차이
점은 양념 때문이다.)

_____

● AI가 알려주는 '오늘의 문장'과 같은 뜻, 다른 문장으로 바꾸기
▷ The only distinction is that they have started to practice it.
▷ The difference is simply that they have begun to practice it.

● 오늘의 단어 * 오늘 배운 문장에서 어려운 단어가 있다면 정리해보세요.

누군가의 선함을
발견하는 기쁨

Day98

오늘의 문장

You have to practice and see the real gull, the good in every one of them.

너는 수련을 해야 해. 그리고 수련을 통해 진정한 갈매기, 각자의 안에 깃든 선함을 봐야 한다.

#역할 갈등 #역할 파악 #선함의 발견

여러분이 삶을 살아가면서 수행해야 하는 역할이 몇 개인지 세어본 적이 있나요? 저는 가족 기준으로만 봐도 딸, 아내, 엄마, 누나, 언니, 며느리, 올케 등의 역할이 있어요. 회사에선 선배 혹은 후배이기도 했죠. 프리랜서로 일하는 지금은 더욱 복잡합니다. 말이 좋아 N잡러이지, 너무 많은 역할을 한 번에 해야 하는 직업이에요. 이렇게 많은 역할을 하고 있다 보니 내 모습이 그때 그때 상충되게 바뀔 수 있다는 것을 느낍니다. 지금도 다양한 형태의 작업을 하다 보니 출판사 관계자들을 만날 때와 유튜브 크리에이터들을 만날 때 모습이 아마 다를 겁니다. 제가 기분이 아주 엉망인 날과 아주 좋은 날 저를 미팅한 담당자들의 평가가 동일할까요? 그래서 타인을 이해하는 것은 제 자신을 잘 파악하는 것에서부터 시작하려고 노력하는 편입니다. 이게 먼저 되면 상대방을 이해하기가 쉬워집니다. 제게 안 좋은 첫인상을 남긴 사람들이 있겠죠. 하지만 딱 한 번의 만남으로는 평가하지 않으려고 합니다. 그러다 보니 만나지도 않고 다른 사람의 이야기만으로 어떤 사람을 평가하는 일은 점점 줄어들더라고요. 누구나 여러 가지 역할이 있고, 그 속에서, 그날의 기분에 따라 의도치 않은 불쾌한 모습이 튀어나올 수 있습니다. 그러니 우리는 모두 수많은 수련을 통해 상대방의 선함을 보도록 노력하면 어떨까요? 그러면 상대방도 저의 선함을 보려고 애쓸 겁니다.

You have to practice and see the real gull, the
- -
good in every one of them.
- -

- -

오늘의 구문

You have to practice and see the real gull, the good in every one of them.

'그들 각각의 모든'이라는 표현은 every one of them이라고 할 수 있어요.
every one은 '각각의 한 사람'을 of them은 '그들 중'에서 라는 의미죠. 그러니 everyone은 붙여서 쓰는 실수를 하면 안됩니다. every one은 각각이지만 everyone은 '모두', '모든 이'라는 전혀 다른 뜻이 돼요.

● 내 상황에 맞는 문장으로 바꾸기(every one of them 활용)
예) She finds beauty in every one of them. (그녀는 그들 각각의 모든 것 안에서 아름다움을 찾는다.)

- -

● AI가 알려주는 '오늘의 문장'과 같은 뜻, 다른 문장으로 바꾸기
▷ You should practice and see the true nature, the good in every individual.
▷ You need to train and notice the real character, the good in each person.
▷ You need to focus and see the real value, the good in every person.

● 오늘의 단어 * 오늘 배운 문장에서 어려운 단어가 있다면 정리해보세요.

진실은
원리에 가깝다

오늘의 문장

It was easier for them to practice high
performance than it was to understand
the reason behind it.

그들로서는 그 이면의 논리를 이해하는 것보다는 고도의 기술을 연마하는 게 더 쉬
웠다.

#원리 #이해 #능숙함

영어를 어떻게 하면 잘 할 수 있는지, 수능 1등급을 맞기 위해서는 초, 중등 때
무엇을 하면 좋은지에 대한 질문은 제가 강연이나 수업을 하면서 자주 받는
질문입니다. 저는 그럴 때마다 고민을 시작합니다. 왜냐면 두 가지의 답이 있
거든요. 하나는 부모님들이 원하는 대로 실제 영어 학습 방법론을 이야기하는
겁니다. 어떤 대형 학원을 몇 살에 들어가서, 레벨 몇까지 마치고, 교재는 어
떤 걸로 하는 등의 말이요. 학부모님들은 사실 이런 이야기를 듣고 싶어합니
다. 그 방법과 기술만 잘 알고 습득한다면 우리 아이들이 모두 다 좋은 결과를
낼 수 있을 거라고 기대하거든요. 하지만 그건 정말 의미 없는 조언이라는 걸
교육 전문가라면 다 압니다. 그래서 두 번째 대답을 해드리고 싶은데 이건 별
로 좋아하지 않으세요. 뻔한 이야기라고 생각하시거든요. 하지만 본질은 아이
의 학습 동기를 끌어올릴 만한 무언가를 찾아가야 하며, 그 과정에서 부모와
자식의 관계가 좋아야 한다는 것입니다. 그래야 영어 학습의 동력을 잃지 않
고, 중간에 위기를 맞이했을 때도 함께 돌파구를 찾아갈 수 있습니다. 대입까
지의 과정이 그리 순탄치만은 않기 때문에 그 이면에 있는 학습의 논리를 이
해하고 긴 호흡으로 같이 할 방법을 모색해야지 단순한 학습 스킬을 연마하는
것에 집중해서는 안됩니다. 쉬운 것이 정답은 아닙니다.

It was easier for them to practice high
- -
performance than it was to understand the
- -
reason behind it.
- -

- -

- -

- -

오늘의 구문

It was easier for them <u>to practice high performance</u> than it
was to understand the reason behind it.

가주어 It 구문을 활용하여 긴 주어를 뒤로 보내는 형식의 문장이에요.
It은 가주어이고 진짜 주어는 to부정사 이후에 나옵니다. than 뒤의 문장도 같은 구조지만 than 뒤에 it
was는 생략해도 의미는 통합니다.

● 내 상황에 맞는 문장으로 바꾸기(It-to부정사 구문 활용)
예) It was faster for them to buy a new toy than to fix the broken one. (그
들이 새 장난감을 사는 것이 고장난 것을 고치는 것보다 더 빨랐다.)

- -

● AI가 알려주는 '오늘의 문장'과 같은 뜻, 다른 문장으로 바꾸기
▷ Practicing high performance was easier for them than understanding
  the reason behind it.
▷ They found it easier to practice high performance than to understand
  the reason behind it.

● **오늘의 단어** * 오늘 배운 문장에서 어려운 단어가 있다면 정리해보세요.

 # 예언자가 행복을
만드는 것이 아니다

오늘의 문장

If he had known there just a tenth of what he knew here, how much more life would have meant!

그가 그곳에 있을 때 이곳에서 아는 것의 10분의 1이라도 알았더라면, 삶은 얼마나 더 의미 있었을까!

#행복은 선택하는 것

인간은 생각보다 어리석습니다. 적어도 저는 그렇습니다. 제가 이 문장을 뽑은 이유는 내가 무언가를 더 많이, 미리 알았더라면 내 삶이 나아졌을까에 대해 사람들은 어떤 대답을 찾을지 궁금했거든요. 제 생각은 다음과 같아요. 우리는 역사를 지속적으로 반복합니다. 분명 과거에 실패 또는 성공 경험이 있었음에도 불구하고 다시 비슷한 일이 생기면 똑같이 어리석은 선택을 합니다. 더 재밌는 것은 인간은 아마도 더 나아질 거라는 기대를 늘 품고 사는 것 같아요. 그래서 과거로 돌아가는 타임슬립 드라마나 영화에 열광하는 게 아닐까요? 그런 영화나 드라마를 보면 사랑하는 누군가를 상실하고 과거로 돌아가서 그 사람을 살리는 데 집중합니다. 이는 그때 내가 미리 이걸 알았더라면 더 좋은 결과가 있지 않았을까 하는 막연한 기대감에서 출발한 발칙한 상상이었을 겁니다. 하지만 미리 알았어도 막지 못하는 미래가 생기고, 알았지만 또 다시 어리석은 실수를 하는 모습들이 연출됩니다. 즉, 우리의 삶을 미리 알고 모르고가 중요한 게 아니라는 겁니다. 미래를 예언할 수 있는 예언자가 행복한 미래를 만드는 것이 아니라 현실을 살아가면서 지혜로운 선택을 하는 사람이 행복을 찾습니다. 이미 알고 있었다는 듯이 선택하려면 자신감이 있으면 됩니다. 먼저 선택하고 그 선택이 행복이 되도록 만들면 되는 거죠.

If he had known there just a tenth of what he

- -

knew here, how much more life would have

- -

meant!

- -

☞

- -

- -

- -

오늘의 구문

If he had known there just a tenth of what he knew here, how much more life would have meant!

if 가정법 과거 완료는 과거의 상황을 가정하고 그로 인해 생긴 결과를 상상하는 문장이에요.
가정법 과거 완료는 'if+주어+had p.p.'의 형태를 가지며 과거 사실과 반대되는 가정을 하는 것이라고 볼 수 있어요.

● 내 상황에 맞는 문장으로 바꾸기(가정법 과거 완료 활용)
예) If she had called me, I would have picked her up from the airport. (그녀가 나에게 전화했더라면, 공항에서 데리러 갔을 것이다.)

☞

- -

● AI가 알려주는 '오늘의 문장'과 같은 뜻, 다른 문장으로 바꾸기
▷ If he had understood just a little of what he knows here, life would have meant much more.
▷ If he had realized earlier what he knows here, life would have had more meaning.

● 오늘의 단어 * 오늘 배운 문장에서 어려운 단어가 있다면 정리해보세요.